POR KEL FREIRE

Desenvolvimento pessoal e profissional na prática para potencializar seus resultados

MANUAL DO PODER

Um manual capaz de te transformar em menos de 30 dias.

Copyright© 2024 by Editora Leader
Todos os direitos da primeira edição são reservados à Editora Leader.

Diretora de projetos e chefe editorial:	Andréia Roma
Revisão:	Editora Leader
Capa:	Editora Leader
Projeto gráfico e editoração:	Editora Leader
Suporte editorial:	Lais Assis
Livrarias e distribuidores	Liliana Araújo
Artes e mídias:	Equipe Leader
Diretor financeiro:	Alessandro Roma

Dados Internacionais de Catalogação na Publicação (CIP)

```
F933m
1.ed.   Freire, Kel
           Manual do poder : desenvolvimento pessoal e
        profissional na prática para potencializar seus
        resultados / Kel Freire. - 1.ed. - São Paulo :
        Editora Leader, 2024.
           246 p.; 16 x 21 cm.

           ISBN 978-85-5474-231-7

           1. Autoconhecimento. 2. Comportamento humano.
        3. Desenvolvimento pessoal e profissional.
        4. Poder (Psicologia). I. Título.

08-2024/54                                      CDD 158.1
```

Índice para catálogo sistemático:
1. Desenvolvimento pessoal e profissional : Psicologia
   158.1

Aline Graziele Benitez - Bibliotecária - CRB-1/3129

2024

Editora Leader Ltda.
Rua João Aires, 149
Jardim Bandeirantes – São Paulo – SP
Contatos:
Tel.: (11) 95967-9456
contato@editoraleader.com.br | www.editoraleader.com.br

Queridos(as) Leitores(as),

É com grande satisfação que tenho o prazer de apresentar a vocês nosso mais recente lançamento, "O Manual do Poder: Ferramentas para uma Vida de Sucesso".

Este livro não é apenas uma leitura; é um convite para explorar os três tempos mais importantes da vida de qualquer ser humano: o passado (quem você foi), o presente (quem você é) e o futuro (quem você gostaria de ser). Através de soluções práticas, esta obra oferece as ferramentas necessárias para você desenvolver-se, alinhar-se aos seus desejos e potencializar seus resultados de maneira imediata.

"O Manual do Poder" trabalha a Tríade do Poder: corpo, mente (intelecto) e espírito, para que você se alinhe com aquilo que deseja ser, ter e viver em sua vida de forma estratégica. Ao se desenvolver ao ponto de se tornar uma versão admirável de si mesmo, você passa a reconhecer genuinamente o seu valor. Este reconhecimento traz consigo um magnetismo que abre um leque de oportunidades em sua vida, transformando sua presença em uma força que não pode ser ignorada.

Com a perspectiva de que "a vida é como um safári, existem animais de todos os tipos", o livro nos ensina a não ser o mais fraco da selva. Assim como em um safári, a sobrevivência e o sucesso dependem da habilidade de se destacar e ser reconhecido não pelo preço, mas pelo valor inestimável que cada um de nós possui.

Esperamos que este livro não apenas toque seus corações, mas também inspire suas mentes e os motive a abraçar suas próprias jornadas de autodescoberta, crescimento e sucesso. "O Manual do Poder" é mais um título que se soma aos livros autorais do Selo Editorial Série Mulheres, refletindo nosso compromisso com a publicação de obras que transformam vidas. Aqui está uma versão revisada do seu texto:

Somos uma Editora que atua em todos os gêneros literários, publicando obras de homens e mulheres. Por meio do Selo Editorial Série Mulheres, nossa missão é impulsionar mais mulheres para o palco da literatura.

#pormaismulheresnaliteratura
#seloeditorialseriemulheres
#editoraleader

Com gratidão pela oportunidade de compartilhar esta obra extraordinária com vocês,

Andréia Roma
CEO Editora Leader

Sumário

- Prefácio 6
- O desejo é o responsável pela sua dor 9
- À prova de críticas, como não se abalar emocionalmente 20
- Sendo admirado até pelos seus inimigos 32
- Identificando a origem de suas fraquezas 37
- O ciclo do sofrimento 43
- Bloqueando o ciclo do pensamento intrusivo ... 51
- As 3 premissas para o sucesso 55
- Construindo sua rotina de sucesso 61
- Como definir seu propósito 69
- A tríade do poder 77
- Estoicismo: um super poder chamado autocontrole 90
- Linguagem corporal: códigos do corpo 99
- Apresentação de alto nível 109
- Seja um encantador de pessoas e tenha o mundo nas mãos 114
- Gerando identificação com as pessoas 120
- Formas inteligentes de se conduzir uma conversa 127
- Construindo uma reputação extraordinária 134
- Perdoando sem se enganar 139
- A receita do fracasso e o motivo dos caminhos fechados 150
- Referências 157

Prefácio

Se você de fato é um ser humano, já deve ter percebido que a vida parece um grande safári e, como todo safári, tem-se animais de todos os tipos e não queremos ser o mais fraco.

Independentemente do momento de vida em que você se encontra, saiba que você é uma máquina poderosa, é como um avião, mas como todo avião precisa de um bom plano de voo, pois sem ele não saberá seu destino, não saberá para onde vai, nem se chegará em algum lugar.

Assim como um avião, se você não tiver uma rota definida, ficará à mercê de qualquer destino que a vida lhe entregar e, assim, poderá acabar num lugar que não condiz com aquilo que você deseja ter, ser e viver na sua vida.

Assim como na Física, temos a atração e a repulsão, certamente você deseja ser aquela pessoa magnética que possui a capacidade de atrair coisas extraordinárias para si, mas saiba que não estou falando de "lei da atração", nem mesmo de religião ou crença, estou falando de poder pessoal.

Quando você se desenvolve a ponto de se tornar uma versão admirável de você, também passa a reconhecer genuinamente o seu valor, logo, se torna uma pessoa magnética e o magnetismo abre um leque de oportunidades na sua vida, você para de se humilhar por migalhas e começa a obter banquetes.

Quando você se destaca e é visto como se estivesse em uma vitrine de luxo, as pessoas não questionam o preço, pois já sabem o valor que tem, você para de viver como um coitado e passa a conquistar o seu reinado.

*"O mundo é feito de pessoas,
se você entende sobre pessoas,
terá o mundo nas mãos."*

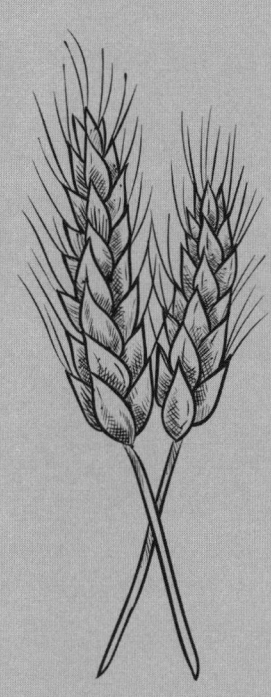

"O desejo é o responsável pela sua dor."

Não há nenhum problema em desejar as coisas, aliás, é a partir de um desejo que elas são criadas.

No entanto, precisamos analisar se estamos de fato usando o desejo para criar possibilidades melhores na nossa vida ou se o desejo é quem está nos usando para criar ansiedade e frustração na nossa.

Vamos para um exemplo: o seu celular não é apenas um aparelho que você utiliza para se comunicar, ele é um cardápio, um belo cardápio de tudo o que você ainda não é, não tem e não vive, porque, ainda que tenha conquistado feitos incríveis na vida, ainda existirão pessoas que já possuem tudo aquilo que você ainda não tem.

O desejar não é de todo ruim, mas ele é o motivo de muitas angústias e ansiedade, então você precisa estar consciente dele.

O desejar é maravilhoso, pois nos faz estabelecer metas

e propósitos na vida, propósitos estes que nos trarão motivação, para viver a vida de forma mais enérgica, no entanto, o desejo em excesso nos deixa angustiados, ansiosos e cada vez mais ingratos.

No mundo dos desejos, o que geralmente fazemos é nos comparar com outros modelos de vida, sempre observando a vida das pessoas através de uma tela, isso possui dois lados: um positivo e um negativo. É realmente positivo ter modelos de sucesso a seguir, já o negativo diz respeito a observar esses modelos e se sentir um fracassado comparado a eles.

A verdade é que sempre existirão pessoas mais ricas, mais poderosas, mais altas, mais baixas que você, portanto, nesse jogo de comparação você sempre sai perdendo.

Sendo assim, não é muito inteligente se comparar, em vez da comparação, busque inspiração naqueles que são exemplos, e, quando você se pegar na maldita comparação, diga a você mesmo em voz alta: chega dessa merda!

Desculpe a palavra um tanto quanto rústica, mas não existe adjetivo melhor para representar esse momento.

Lembre-se: ainda que você queira um lugar de destaque, não está numa corrida, para querer garantir o primeiro lugar no pódio, você está na vida, e seu maior adversário é você mesmo.

Vamos deixar isso claro. Considere que dentro de você existam duas versões suas: a fracassada e a vencedora, e todos os dias quando você acorda escolhe uma delas automaticamente para viver e é essa versão que vai controlar suas escolhas e seus hábitos nesse dia.

Agora, eu o convido a esta reflexão: qual das duas versões tem estado mais presente em você nos últimos anos, a fracassada ou a vencedora?

Vamos falar do seu maior adversário: você mesmo, essa versão que vem limitando você através do medo, e esse filho da mãe é terrivelmente sábio e astuto, porque ninguém o conhece melhor que ele mesmo, aliás, ele é quem esteve com você desde sua infância, e de lá para cá possui conhecimento total de tudo o que você viveu até hoje, desde suas vitórias, fracassos, humilhações e milhares de experiências vividas que estão gravadas na sua mente.

Agora você vai concordar comigo: existe adversário mais poderoso que aquele que conhece até seus pensamentos? Não, obviamente que não.

Imagine agora que existem três versões de você: o você do passado, o de hoje e o do futuro.

O você do passado - guarda suas experiências, memórias, traumas, vivências boas e até aquelas amargas como um limão.

O você de hoje - aqui se encontra o projeto de ser humano que o passado trouxe, como se fosse uma onda do mar que traz lindas conchas, ou sujeiras, até à superfície.

O você do futuro - essa é uma versão do seu eu ideal, aquilo que você gostaria de ser, ter e viver na vida.

Justamente por esse eu ideal é que o você de hoje sofre, fica ansioso e até pode sentir-se frustrado, mas olha que injustiça, você faz o seu você de hoje sofrer por uma versão sua que ainda nem existe.

Diariamente você enfrenta um grande conflito interno, são três tempos se digladiando entre si: passado, presente e futuro, dentro de um ringue chamado "sua cabeça".

Meu caro, talvez você durma com a preocupação e acorde com a ansiedade, porque a maior batalha hoje é pelo o seu eu do futuro e o futuro é o que nos traz mais ansiedade.

Talvez sua rotina tenha sido assim: você acorda e já entra no modo automático da mente, antes mesmo de calçar os chinelos, você calça a preocupação e a ansiedade, mas agora vou lhe pedir para respirar fundo três vezes comigo.

Inspire e solte o ar pela boca bem devagar, faça isso três vezes, não seja teimoso, faça isso por você e destrave esse abdômen que parece ter acabado de tomar um soco.

Agora que você respirou e se lembrou que ainda é um ser humano, embaixo de todos esses desejos, vamos voltar para você.

Provavelmente, quando você era criança lhe disseram que quando você crescesse poderia ser qualquer coisa que quisesse, e agora que você cresceu, você está na direção de ter, ser e viver tudo aquilo que desejou? Ou será que parou de acreditar nos seus maiores desejos por causa dos seus maiores medos?

O medo, muitas vezes, nos faz desistir antes mesmo de tentar, seja pela dificuldade da tarefa ou pelo medo de fracassar nela.

Não sei pelo que você passou na vida, na infância, na

adolescência, não sei se foram perversos com você, não sei das suas dores, mas sei que pessoas são especialistas em machucar outras pessoas.

Como você leu no início, vivemos num safári chamado vida, e nos comportamos, muitas vezes, como animais irracionais.

Se hoje, você não se sente bom o bastante, sente-se insuficiente, tem medo do fracasso ou até mesmo se sente vencido antes de ter saído para a batalha, saiba que isso é fruto das experiências vividas no passado, a mente é excelente em arquivar aquilo que deveria ter sido jogado no lixo há muito tempo.

Meu caro, você não teve culpa de viver o que viveu, mas tem a responsabilidade de fazer diferente.

Agora vamos fazer uma analogia: imagine que você tem uma grande viagem para fazer, e você possui apenas uma mala, sabe seu destino o lugar para onde deseja ir e, de acordo com o destino, sabe o que irá precisar pôr nessa mala para que não lhe falte nada e que você esteja devidamente preparado.

A vida é uma viagem, uma viagem que estamos planejando desde o dia em que nascemos; quando crianças, planejam por nós porque não temos capacidade de fazer isso sozinhos, mas, num dado momento, nos é dada a autonomia de planejarmos nossa própria viagem e escolhermos nosso próprio destino, ainda que não tenhamos certeza dele, mas nossa missão é planejá-lo da melhor forma possível.

Enquanto planejamos a viagem, precisamos colocar na mala somente aquilo que nos será útil para não perdermos espaço com bobagens e evitar carregarmos peso extra com aquilo que não terá utilidade e, mais importante ainda, para que não venhamos a ficar desprevenidos com relação àquilo que era importante levarmos na mala e acabamos deixando para trás.

Desse modo, saiba que suas atitudes, suas escolhas e seus hábitos são os objetos que estão enchendo a sua mala, hoje mala esta que você levará até seu destino.

"Se você sabe qual é o seu destino dos sonhos, não encha a sua mala de coisas inúteis e pesadas que você terá que arrastar pela vida."

Seja inteligente e intencional, separe o que é positivo e válido, daquilo que é negativo e inútil, e escolha deixar para trás tudo aquilo que irá atrapalhar quando chegar ao seu destino.

"Você não tem culpa do que viveu, mas tem a responsabilidade de fazer diferente."

Pense bem, mais vale um ano bem vivido, que dez anos em que você viveu na merda.

Agora, vamos avaliar o seu nível de felicidade, com um termômetro de realidade.
Pense comigo: comparando a sua alegria com a de um palhaço, quem parece mais feliz?

Logicamente o palhaço sairá na frente, logo, você comparado a ele parecerá a pessoa mais infeliz do mundo, contudo, você e eu sabemos que aquela felicidade é irreal, é falsa, pois se trata de um personagem.

Se eu não lhe contasse agora que já morei na favela da Rocinha, no Rio de Janeiro, e na infância não tive sequer um guarda-roupas para mim, você jamais acreditaria, certo?

A verdade é que assistimos a vida das pessoas como se elas estivessem num banquete e nós de pratos vazios, ávidos de fome.

O mais comum nos dias de hoje é vermos as obras prontas, mas não a fase de construção, logo, nos sentimos incompetentes.

A vida é como uma corrida em que você sempre parece atrasado. Agora me responda com sinceridade: a sua vida atual se parece com a vida de pelo menos 20 primeiros perfis que você segue e admira nas redes sociais?

Certamente a resposta é não, pois na internet as pessoas não costumam mostrar seus fracassos, dores e angústias, elas não costumam mostrar a fase de obras, apenas o empreendimento pronto, sempre felizes, saudáveis e prósperas.

Não há, nenhum problema em usar as redes sociais, o problema encontra-se no tempo de tela que você gasta vendo vidas editadas, enquanto poderia estar construindo a sua vida real.

Quanto mais tempo você desperdiça assistindo à vida (irreal) das pessoas, mais ganha insatisfação, ansiedade e tristeza na sua.

Mas o que fazer? Vou compartilhar com você algumas das táticas que adotei na minha vida para sair da tristeza gerada pelo falso show das redes sociais e usá-las como aliadas para o meu crescimento pessoal.

Aplicando essas táticas, você começará a ter mais motivação, aumentará seu conhecimento e passará a usar as redes sociais e a internet como aliadas no seu crescimento e desenvolvimento pessoal e, inclusive, poderá até ganhar dinheiro com isso!

Perfis certos - a escolha dos perfis é extremamente importante para o seu crescimento, então, procure filtrar e excluir todos os perfis que não agregam em nada na sua vida, o que você consome na internet pode deixá-lo alienado e desinteligente, do mesmo modo que pode promovê-lo.

Procure perfis que tenham pelo menos um destes propósitos: inspirar, motivar, ensinar, desenvolver e alegrar.

Que inspiram e motivam - são aqueles perfis que o inspiram com frases, histórias e vídeos que aumentam sua dopamina: motivação para ir em busca dos seus próprios objetivos e sonhos.

Que ensinam e desenvolvem - são aqueles perfis que ensinam sobre algo, seja desenvolvimento pessoal, finanças, marketing digital, inteligência social, neurociência etc., esses são como pílulas de sabedoria diárias que você precisa ingerir.

Que alegram - são aqueles de comédia, que você segue para dar boas gargalhadas e aumentar os hormônios do bem-estar.

Só cuidado com a quantidade, faça um bom equilíbrio para não ficar desbalanceado, seguindo muitos perfis de comédia e menos dos outros segmentos e ficar abestalhado.

Diminua o tempo de tela - seja um bom administrador do seu tempo, ele infelizmente não volta, mesmo após fazer a limpeza nas suas redes sociais, tome conta do tempo que você fica na tela do celular.

Se necessário, use um timer com o tempo determinado que deseja passar naquela areia movediça, assim terá um controle maior, para não se afundar nela!

Saiba que, enquanto você está deitado ou jogado no sofá hipnotizado, vendo figuras, poderia estar fazendo algo útil para sair da mediocridade.

Seja esperto e salve tudo aquilo que pode inspirá-lo ou motivá-lo na criação de algo espetacular na sua vida.

Ainda que existam milhares de pessoas na internet à frente de suas empresas e negócios, cada um possui sua singularidade, pois num universo com mais de 7 bilhões de pessoas, ainda conseguimos ser únicos.

Cuidado com o desejo - o desejo é o causador de dores e sofrimentos. Cuidado com o ideal de felicidade distorcido, a felicidade não é um lugar ou um objeto a ser alcançado, e sim um estado de espírito.

Enquanto você busca avidamente pelo que deseja, sua vida se torna morna e vazia e você fica cada vez mais ingrato.

Ainda que você não tenha chegado aonde deseja, seu coração ainda está batendo e você tem tempo suficiente para fazer o seu plano de voo para chegar aonde deseja.

"Você está vivo, não viva como se estivesse morto, você está livre, não viva como se estivesse preso."

Você possui total direito de querer e desejar todas as coisas fantásticas disponíveis neste mundo, mas, antes, seja agradecido por ter chegado até aqui, tudo o que você possui hoje, já foi seu sonho um dia.

Nos próximos capítulos você vai aprender como realizar seus desejos de forma mais rápida e consciente, isso o deixará mais forte e determinado.

Ensine o caminho certo ao seu cérebro, e ele o levará a lugares incríveis e inimagináveis, ele sem dúvidas o fará experimentar coisas antes nunca vividas e, assim, viverá experiências de que se orgulhará.

Sua mente é uma Ferrari, dependendo do estímulo que você oferecer a ela, essa máquina o levará longe e em alto nível, mas, se você oferecer o estímulo errado, ela poderá acabar com você em questão de segundos.

A vida não é sobre ir rápido demais ou devagar demais, é sobre constância, a arte de fazer um pouco todos os dias, inserindo na sua rotina aquilo que o coloca na direção dos seus sonhos.

"O sábio prefere construir seu próprio reinado, ao invés de observar o circo dos tolos."

À prova de críticas, como não se abalar emocionalmente

Ser criticado certamente não é a melhor das experiências, naturalmente nos defendemos quando estamos recebendo uma crítica, mesmo quando não estamos sendo atacados.

Na natureza isso também acontece. O pavão, por exemplo, abre a cauda para se defender e o urso fica de pé para atacar.

Naturalmente nós também nos defendemos a qualquer sinal de ataque, sendo assim, você vai aprender agora a não somente lidar com qualquer tipo de crítica, mas, também, a não se abalar emocionalmente com ela.

Mas como isso é possível, se somos humanos e temos sentimentos? A resposta é simples: sendo racionais.

Quando trazemos razão para uma questão que naturalmente levaríamos para o emocional, ela se desfaz, perdendo a força e o poder sobre nós.

Muitas pessoas não vão ficar felizes com o seu crescimento, pois o verão voando enquanto elas permanecerão no mesmo lugar, sendo assim, você precisará de armaduras para se proteger delas.

Se você for para uma batalha desprotegido, sairá machucado!

A filosofia estoica nos ensina a trabalhar a razão e o autocontrole a fim de nos livrarmos de sofrimentos desnecessários.

Segundo o estoicismo,"você não pode controlar aquilo que lhe acontece, mas pode controlar como reage àquilo".

Sendo assim, as pessoas jamais exercerão poder sobre você, a menos que você permita.

Elas podem falar de você, mexer com você e até insultá-lo, mas jamais poderão controlar suas ações, essas dizem respeito exclusivamente a você.

Aprendendo a identificar a crítica e o julgamento

Obviamente haverá aqueles dias em que você estará mais sensível e suscetível a qualquer ataque, é exatamente nesses dias que você mais aprenderá.

Esses momentos são como provas da vida real, que testam se estamos preparados ou não para desafios maiores.

"A vida é uma maratona e você vive em ritmo de campeonato."

Vamos desvendar agora, o que é uma crítica e um julgamento, para que nunca mais você sofra pelo o motivo errado: o problema dos outros, e não o seu.

Mais adiante, você irá aprender a desenvolver o seu autocontrole e se fortalecer diante de qualquer situação ou pessoa difícil, o que podemos chamar de arquétipo de capeta!

O que é uma crítica?

Agora chegou o momento de dar a César o que é de César, sem perder aquilo que é seu.

Quando falamos de críticas podemos identificar que existem dois modelos muitos conhecidos, principalmente em tempos modernos, nos quais as pessoas se escondem atrás das telas dos celulares e destilam suas emoções reprimidas como cálices de veneno.

A famosa crítica construtiva: o termo de fato é bonito, mas na vida real não funciona assim, pois, ainda que a crítica seja construtiva, continua sendo uma crítica e não um elogio, logo, seguimos nos importando com ela.

Nesse caso, de nada adianta você se enganar, fingir que está satisfeito com algo, se na verdade você está se mordendo por dentro.

Está bem, mas e agora? O que eu devo fazer para receber uma crítica de mente aberta, sem me sentir abalado por ela?

A resposta é simples, você precisa entender o que de fato é uma crítica. Precisará diferenciar uma crítica de um julgamento, então, vamos lá.

A crítica propõe uma solução, ou seja, quando for de fato uma crítica, ela virá com uma solução para fazer aquilo que foi criticado ainda melhor.

Exemplo básico: digamos que você fez um bolo maravilhoso de chocolate para receber uma visita em sua casa e ela fez uma crítica a respeito do bolo, identificando que se você tivesse posto chocolate meio-amargo na calda, realçaria ainda mais o sabor.

Prontamente, ela se dirigiu até a cozinha, ensinando você a fazer a calda que deixaria aquilo que já era bom, melhor ainda, e o resultado foi um estupendo bolo de chocolate.

Perceba que, nesse exemplo, a pessoa que fez a crítica trouxe uma solução, fazendo com que você melhorasse e obtivesse um resultado ainda melhor.

Nesse caso, a crítica se torna um verdadeiro presente, pois está sendo ofertado gratuitamente e com as ferramentas necessárias para você evoluir, melhorar e se destacar positivamente.

Quando de fato for uma crítica, esta nunca virá vazia, jamais serão frases jogadas ao vento, sempre virá com uma solução, ideias e sugestões para que você consiga fazer ainda melhor aquilo que já faz bem.

Não se engane! Jamais confunda uma crítica com um julgamento, se não vier com uma solução ou com sugestão de melhoria, jamais será uma crítica, mas, sim, um julgamento e é exatamente sobre essa praga que falaremos agora mesmo.

Julgamento disfarçado de crítica

O julgamento pode ser chamado de praga, pois ele possui um poder devastador, podendo arruinar instantaneamente aquilo que levamos tempo para construir.

Por sua vez, sabemos que a crítica vem sempre com uma solução para melhorarmos, enquanto o julgamento não, a proposta dele é outra.

O julgamento está relacionado com as crenças e visão de mundo da outra pessoa, o que em nada tem a ver com você, mas, sim, com a pessoa que está julgando.

Um julgamento sempre vem com algo voltado para o pessoal, seja sua aparência física ou até sua personalidade.

O julgamento possui a maldita tendência a desmotivar, desmerecer e diminuir você, podendo diminuir completamente sua autoestima, chegando ao ápice em que você duvide de suas próprias capacidades.

No entanto, o julgamento em nada tem a ver com você, mas sim com o olhar do outro, o julgamento é a visão de mundo e as crenças da outra pessoa jogadas injustamente em você.

Certamente, quando você era criança, seus familiares o ensinaram a não pegar aquilo que não era seu, não mexer naquilo que não lhe pertencia, da mesma forma é o julgamento, você não deve pegar para si, aquilo que é dos outros.

Quando você identificar que não se trata de uma crítica e sim de um julgamento, não se deixe dominar pelo o sentimento impresso naquelas palavras envenenadas.

Quem o julga e insulta deseja arduamente sua atenção, e pretende conseguir isso da pior maneira: te gerando dor.

Um exemplo muito comum disso é quando um artista famoso recebe um comentário maldoso em uma foto e responde a esse comentário, dando ouvidos à pessoa que o criticou.

Aquele comentário que estava escondido, envolto numa cortina de fumaça e sem poder algum, se destaca e ganha holofotes, e a pessoa passa de anônima a conhecida por milhões de pessoas instantaneamente.

E tão logo, vemos um injusto subindo num palco e fazendo um show num espetáculo que não é dele.

Lembre-se: quanto mais você agir pelas suas emoções, menos inteligentes serão suas ações, seja racional.

Não ofereça ao outro aquilo que ele deseja, mas, sim, aquilo que ele merece, que você não permita que nenhum intruso suba num palco de uma vida que é sua.

Observe as plantas, por exemplo. Se você as rega elas crescem, o mesmo acontece com as pessoas raivosas, quando damos atenção, elas crescem, criam raízes e plantam sementes negativas em nós, despertando medos e inseguranças que nos fazem duvidar das nossas próprias capacidades.

Saiba que as sementes poderão até entrar no solo, mas só germinarão se ele for fértil, caso contrário, elas morrerão ali mesmo, e é assim, que você precisa fazer com os julgamentos.

Mas fica a pergunta: devemos responder a uma crítica

ou julgamento? Se sim, como faremos isso?

Antes de partirmos para a resposta, que certamente é o que você mais espera, preciso dizer que: se irritar com um julgamento de vez em quando é normal, afinal de contas, ainda somos humanos.

De repente, você está naquele dia em que tudo parece estar dando errado e, logo em seguida, recebe aquela bomba em forma de julgamento e assim te desperta em você uma faísca de fúria.

Tenha em mente uma coisa: toda escuridão se dissipa na luz, sendo assim, vou lhe ensinar como trazer luz para qualquer julgamento obscuro.

Muitas pessoas vivem em prisões emocionais e não conseguem lidar com suas dores, assim, colocam todas as suas frustrações em forma de julgamentos, fazendo comentários maldosos a respeito da vida de outras pessoas.

Lembre-se disto: "As pessoas não te tratam como você merece, elas te tratam como elas são."

Sendo assim, não é inteligente esperar que pessoas desonestas o tratem com honestidade, que pessoas injustas o tratem com justiça, que pessoas maldosas o tratem com bondade.

Se uma pessoa o trata de maneira desonesta, jamais fique tentando encontrar os motivos para tal comportamento, não é sobre você, é sobre o outro, apenas o que ele é e o que pode lhe oferecer naquele momento.

Dessa forma, saiba quem você é, certifique-se de seu caráter e de suas qualidades, para que você não tenha que duvidar de suas próprias capacidades por conta daqueles que ao menos lhe conhecem.

Você não tem domínio daquilo que vem do outro, você não controla as atitudes das outras pessoas, só pode controlar aquilo que vem de você.

Então, concentre-se no que de fato é seu.

Lembre-se de que pessoas raivosas querem seu palco, sua energia e farão de tudo para te puxarem para o poço onde elas se encontram, mas, se você está observando de fora, saberá que não faz sentido entrar lá, certo?

Embora essas situações sejam de fato desafiadoras, elas nos fortalecem fervorosamente, pessoas difíceis nos ensinam a ser mais fortes, pessoas desonestas nos ensinam a ser mais cautelosos, pessoas descontroladas nos ensinam o autocontrole, e assim por diante.

Você poderá sim responder a uma crítica ou um julgamento, porém aprenderá a responder de uma forma racional e equilibrada, colocando-se como o artista do show, e não como o palhaço do picadeiro.

Ao receber um comentário de alguém, classifique-o imediatamente e descubra se ele se encaixa como uma crítica ou julgamento.

Crítica: normalmente vem junto com uma solução, fazendo com que você se desenvolva e conquiste resultados ainda melhores.

Julgamento: baseado na visão de mundo e crenças da outra pessoa e nunca sobre você. Julgamento é vazio e seu objetivo é claro: machucar, rebaixar e despertar sentimentos negativos de insegurança e incapacidade, que nos farão duvidar de nossas próprias capacidades.

Após identificar se é julgamento ou crítica, prepare-se para responder; caso deseje fazer isso, lembre-se de que essa escolha parte totalmente de você.

Portanto, se você classificar um comentário como crítica, mesmo com seu ego inflado e não querendo se justificar, agradeça a colaboração, pois a crítica é uma ferramenta poderosa para o seu crescimento.

Enxergue a crítica como um presente: você recebe e agradece, depois você escolhe se vai usar ou não. E é exatamente assim que você pode agir ao receber uma crítica.

Embora você não utilize a sugestão dessa pessoa, não seja egoísta e arrogante a ponto de não agradecer-lhe, lembre-se de que ao agradecer uma crítica você sobe de nível automaticamente, e se coloca numa posição de poder e autocontrole.

Quando se trata de julgamento e insulto temos dois casos, aqueles feitos pessoalmente e aqueles feitos fora da nossa presença, pelas nossas costas ou através das redes sociais.

Para ambos os casos, teremos uma solução prática, aliás este livro é um manual, então aqui você jamais ficará sem resposta, o que você aprenderá não é um truque, dica ou algo semelhante, aqui você está aprendendo a desenvolver sua inteligência emocional, através da prática do autocontrole, um verdadeiro superpoder dos tempos modernos.

Você vai colocar para fora toda a raiva e insatisfação que a pessoa o fez sentir, não guarde sentimentos ruins dentro de você.

Lembre-se de que não tem como envenenar o outro se quem está tomando o veneno é você. Em voz alta, diga o que sente, coloque para fora, não guarde as sementes que a pessoa deseja plantar em você, siga exatamente o modelo abaixo para colocar em prática.

Se o insulto foi feito pelas suas costas e você está entorpecido pelo veneno da raiva diga:

"Eu (diga seu nome) me liberto de todo sentimento de raiva e negatividade que (nome da pessoa) jogou em mim, eu me liberto e agradeço por essa sabedoria neste momento".

As palavras possuem muito poder, principalmente quando usadas com intenção e fé, isso limpa o seu campo energético e afasta a negatividade jogada pelo outro, não se instaurando no seu campo energético.

No caso de o julgamento ter sido feito pessoalmente, espere, encha o peito e respire fundo, lembre-se de que você está no controle.

Quando alguém te insulta, sua intenção e lhe desestabilizar, fazer com que perca o controle, sabendo disto, não ofereça o que a pessoa deseja obter de você, mas sim, aquilo que ela merece.

Olhe-a com uma certa frieza que beira a elegância e num tom de voz passivo, lhes faça essa pergunta:
"Fulano, qual é a sua intenção com isso"? "Qual é o seu objetivo com isso?"

Imediatamente você obriga a pessoa a lidar com dois problemas:

1. Lidar com suas expectativas frustradas por não ter conseguido o que queria de você, te desestabilizar.

2. Lidar com a vergonha que ela acaba de passar, pois ficou integralmente com o constrangimento que desejaria te ver passar.

Meu caro leitor, você acaba de dar a César o que é de César, sem perder aquilo que é seu: os bons modos e o autocontrole.

A seguir você verá a diferença entre o discurso de um rei e de um súdito e você notará com qual deles mais se identifica.

É uma analogia para que você se treine e inspire-se para jamais perder seu poder e oferecê-lo numa bandeja ao injusto.

"Tome um gole daquilo que você deseja todos os dias, até que se sinta saciado."

Sendo admirado até pelos seus inimigos

Agora me responda: existe poder maior que derrotar um inimigo sem precisar lutar com ele? Com certeza isso é muito gratificante.

Entretanto, melhor que isso, é saber que você não está praticando mal nenhum ou humilhando outra pessoa para assumir o seu poder, saiba que não existe vitória quando se pratica o mal com o seu semelhante, suas más ações sempre se voltam contra você.

Na verdade, o que você está aprendendo é crescer como ser humano e se desenvolver a ponto de ter mais autocontrole e inteligência emocional, blindando-se e construindo muros sólidos contra qualquer ataque.

Agora, vamos usar a analogia do rei e do súdito para que você treine-se para jamais perder seu poder e nobreza, mesmo diante do caos.

O rei e o súdito

O rei demonstra poder e autoconfiança, já o súdito fraqueza e insegurança.

O rei é livre para fazer suas próprias escolhas, já o súdito, mesmo livre, age como se estivesse enjaulado.

O rei sabe tomar suas decisões, enquanto já o súdito espera que digam o que ele faça.

O rei sabe esperar, já o súdito não, porque ele é apressado.

O rei reconhece o seu valor, já o súdito não, ele espera que os outros digam o quanto ele vale.

O rei se felicita com as conquistas de seus aliados, já o súdito não, ele inveja aquilo que não lhes foi dado.

O rei usa razão e autocontrole para tomar decisões, já o súdito permite que suas emoções mais primitivas guiem suas escolhas.

Pratique esse exercício

Toda vez que você for insultado por alguém, independentemente de quem seja essa pessoa e do nível de proximidade que você tem com ela, faça o exercício mental.

Ao ser insultado e julgado, antes de responder grosseiramente, se estressando ou se deixando levar pelo o insulto, preserve-se fazendo isto:
Pergunte-se: "Qual é o nível de importância que esse ser humano possui na minha vida?"

Geralmente, nesse exato momento você logo percebe

que está se importando com julgamentos e insultos de pessoas que, na maioria das vezes, possuem baixo nível de importância na sua vida e isso não é inteligente de sua parte!

Então, procure se conhecer e se respeitar o suficiente, para não permitir que pessoas que ao menos te conhecem roubem sua paz.

Um bom exercício para trazer esse respeito por si mesmo é você voltar ao passado alguns anos e analisar a sua trajetória, suas dores, desafios e tudo que você passou para chegar até aqui, isso te trará orgulho e consideração por você mesmo.

E o que devemos fazer quando a pessoa que nos insulta é importante para nós? Se a pessoa que o insulta for importante para você, faça o seguinte:

Observe suas palavras, quanto mais injusto e ardiloso for o insulto, menor será o nível de consciência dela.

Maior insulto = menor o nível de consciência!

É como um animal irracional, logo ela será digna de "pena"! Sendo assim, troque a raiva pela piedade, algumas pessoas agem como animal irracional, pela falta de consciência.

Quando os níveis de consciência de vocês são diferentes é como um idioma novo: você fala, se esforça, mas nem sempre o que está sendo dito será compreendido.

Nessa situação, você vai se cansando, desgastando, acaba com o seu dia, com sua semana, com seu mês e, quem sabe, acabando com sua paz na vida.

A vida é feita de rotina, dia após dia, se você se estressa com frequência, a tendência é passar uma vida de tormento.

Despreze tudo aquilo que deseja roubar sua paz, pois ela possui um preço alto e muitos vão disputá-la.

O sábio não oferta de graça aquilo que não tem preço, pense nisso.

Quanto menos racional forem suas atitudes, mais desinteligente você se tornará.

Lembre-se disto: quanto mais agir pelas suas emoções, menos inteligentes serão suas ações, seja racional. Escolha a sabedoria, não a tolice!

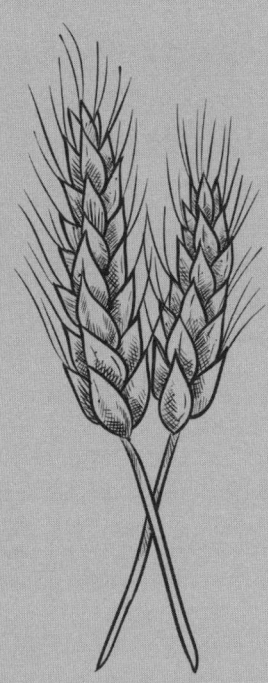

Identificando a origem de suas fraquezas

Para falar em realização de sonhos e objetivos, precisamos começar do início, ou seja, nossa infância.

É na infância que acreditamos em Papai Noel e super-heróis. Conforme vamos crescendo, passamos pelo o primeiro "não" de nossos pais, somos lembrados de que não podemos ter tudo aquilo que queremos, na hora em que queremos, às vezes ouvimos falas pesadas que nem tínhamos idade e maturidade suficientes para processar, nos enchem de medos que nem eram nossos e, assim, passamos pelas primeiras frustrações da vida.

Sinceramente, não existe sensação mais desanimadora que observar a vida das outras pessoas que estão na mesma faixa etária que nós, e nos sentirmos atrasados, comparado a elas. Parece que todos já possuem tudo aquilo que você se arrasta para ter.

Não sei pelo o que você passou, mas tenho certeza de que já foi ferido por alguém, sei que carrega dores e inseguranças, porque pessoas são especialistas em ferir outras pessoas e esse mundo é cheio delas.

Muitas vezes, nos sentimos menores, atrasados e fracassados, mas acalme-se, você não está no seu leito de morte, está vivíssimo e, enquanto seu coração estiver batendo, existirá tempo para mudar as coisas.

O que você precisa fazer agora, é honrar aquela criança que um dia você foi, aquela criança cheia de sonhos.

Nada mudou, porque na verdade, você é ela, apenas um pouco mais crescido, e é a única pessoa que pode fazer alguma coisa.

Saiba que você está prestes a se tornar o adulto que essa criança se orgulharia de ser.

Fuja do "amanhã eu faço"!

Não existe dor maior que a dor do arrependimento, de não estar vivendo, tendo e sendo tudo aquilo que sempre quisemos ser na vida.

Normalmente, vive-se em dois tempos: passado e futuro. O passado traz culpa e remorso, o futuro traz: ansiedade, dúvida e medo.

Meu caro, saiba que o passado só serve para mostrar de onde você veio e contar sua história até o presente.

O futuro não existe, ele é uma folha em branco que você escreve HOJE, dentro da sua rotina, com as ações que você desempenha todos os dias na direção daquilo que deseja.

O que você faz hoje cria o futuro que você vai viver amanhã, então olhe para sua vida agora, analise a qualidade das suas ações e veja qual futuro você está construindo.

Cada um de nós, possui uma versão fracassada e uma vencedora, vamos falar sobre elas.

Observe que existem dias em que você acorda motivado, empolgado e com sede de realizar seus sonhos, você faz tanta coisa nesse dia que no dia seguinte, não faz nada, voltando para sua versão fracassada e assim segue a vida, num ciclo de ondas altas e baixas.

Eu tive uma infância com poucos privilégios, meus pais eram de origem simples e os recursos financeiros escassos. Eles davam um duro danado para conseguir manter meu irmão e eu e muitas vezes nos faltava até o básico.

Um dos meus maiores sonhos era ter um guarda-roupa só para mim, no entanto, meus pais nunca puderam me oferecer.

Lembro-me de uma atitude valiosa de minha mãe, que jamais esquecerei. Como não podia me presentear com um guarda-roupa, ela teve a sábia ideia de me ceder espaço no seu.

Lembro-me de ser um espaço mínimo e muito estreito, mal cabiam suas coisas, mas ela era boa em improviso e, assim, fez surgir um espaço suficiente, naquele emaranhado de roupas que parecia mais um brechó.

Um ponto importante que você deve considerar é que, por mais que tal pessoa já tenha realizado tudo aquilo que você gostaria, vocês vieram de pais diferentes, de lugares diferentes e de realidades diferentes.

A comparação é um cálice de veneno, você toma e pode

aguardar seus efeitos, você vai se desmotivando diariamente até passar a ser uma pessoa ingrata e incapaz de se felicitar com as conquistas que já possui.

Respeitar o seu processo é importante, respeitar o tempo das coisas também, veja que existe o tempo certo para absolutamente tudo, uma gestação, as fases da lua, a maturação de frutos etc, o que você jamais poderá fazer é, ficar observando os outros realizarem sonhos, enquanto você perde tempo desejando.

Eu era extremamente tímida e insegura, não me sentia suficientemente boa para alcançar coisas grandiosas, não me sentia merecedora, pois sabia que não estava à altura daquilo que gostaria de realizar.

Lembro-me de ter sido reprovada em mais de 10 (dez) entrevistas de emprego, foi assim que me acostumei com o "não", ele já não me abalava, no entanto, foi através dos "nãos" que recebi, que comecei a despertar o sentimento de raiva, que me impulsionou a ir atrás do meu sim, nem que eu fosse a única pessoa que me aprovasse.

Use todas as humilhações do passado, todas as vontades que você já passou por não ter, não ser e não viver o que gostaria de viver e traga o "senso de urgência" que você precisa pra sair de onde está e ir em busca de onde deseja chegar.

Quando usamos nossa raiva como impulso, geramos ação, movimento e força, desta forma é possível criar um trampolim que nos levará direto para o pódio.

O sentimento de raiva está associado à sua versão vencedora, enquanto o de tristeza está associado à versão fracassada.

A raiva pode te impulsionar, fazer com que você se movimente em direção ao que deseja.

A tristeza possui fraqueza, é lenta, devagar, fraca, (não ação), fazendo com que você fique estagnado no mesmo lugar e na posição de vítima.

Você poderá agora identificar com qual desses sentimentos (raiva ou tristeza), você mais se identifica.

Existem pessoas que estão mais voltadas para a raiva (ação), impulso, movimento, atitude; enquanto outras para a tristeza (não ação), vitimização, procrastinação, falta de foco etc...

Faça a criança que você foi orgulhar-se do adulto que você está se tornando.

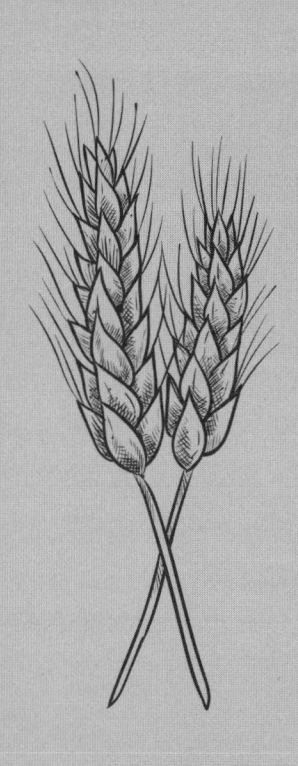

Ciclo do sofrimento

Todos nós queremos uma vida nível 10, mas o grande problema é que somos pessoas muitas vezes, abaixo da média e com um potencial enorme, porém não aproveitado.

Muitas vezes, você ouviu na vida que não era bom o bastante, bonito o bastante, inteligente o bastante, compararam você, o envergonharam e hoje você é um adulto fruto das experiências que viveu, e essas experiências criam o seu futuro.

Embora você ainda possua força de vontade, muitas vezes, ela não é suficiente, comparada à força de suas crenças, elas o arrastam para o caminho do fracasso de forma inconsciente e automática.

Você só percebe seus efeitos quando já está sofrendo as consequências dos problemas causados pelas crenças que você carrega.

As suas ações de hoje, ditam a vida que você terá no futuro, é como se estivesse construindo uma casa para você morar, sendo assim, a qualidade dos materiais utilizados, a localização e a estrutura da casa falarão sobre a vida que irá viver.

Agora você terá acesso a um exercício poderoso para identificar de onde estão vindo suas inseguranças, medos, dores e crenças que hoje o impedem de prosperar na vida.

Para isso, vamos falar do ciclo do sofrimento que, por sua vez, se inicia na mente, através do pensamento, este se torna um sentimento e em seguida uma ação e toda ação gera um resultado.

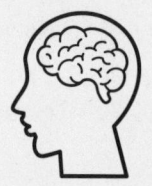

1. Pensamentos

2. Emoções

3. Ações

4. Resultados

No entanto, o ciclo do sofrimento gera muitas vezes um resultado diferente daquilo que gostaríamos, e é esse resultado que você está colhendo hoje na sua vida, em forma de procrastinação, medo, insegurança, hábitos disfuncionais e desequilíbrios.

Quando você identifica de onde vêm esses pensamentos, você identifica "a causa", e identificar a causa é o passo número (um) para começar a se curar e interromper esse ciclo destrutivo.

Saiba que o que você pensa e sente hoje a seu respeito não veio de você, mas, sim, foi plantado em você, através das experiências vividas, pois nossa mente é especialista em guardar arquivos, até aqueles que já deveriam ter sido descartados na lixeira.

Ciclo do sofrimento - exercício

Pegue um caderno e caneta e comece a anotar agora quais são os pensamentos que você possui sobre você.

Quais pensamentos surgem na sua mente a seu respeito?

Exemplo: eu penso que não sou bom o bastante, não sou bonito o bastante, não sou inteligente o bastante, penso que sou inseguro, não tenho a autoconfiança que gostaria....

Continue, escreva tudo que sua mente mandar, você agora vai perceber que vão aparecer coisas que estavam escondidas, quanto mais você mexe, mais sujeira aparece.

Volte ao passado

Volte agora ao passado e busque as memórias, qual foi a pessoa que colocou essas ideias que você carrega hoje a seu respeito?

Procure momentos, procure nomes, quem foram as pessoas que o desmereceram?

Quem o fez se sentir incapaz e insuficiente?

O que foi que você viveu no passado que te fez você ser a pessoa que você é hoje?

Qual foi a vergonha ou humilhação que você passou que o fez sentir hoje essa insegurança, esse medo de falhar, esse não pertencimento?

Busque as memórias! Vão vir rostos, momentos e nomes de pessoas que foram as autoras nessa parte conturbada da sua história.

Quem foram eles? Foi seu pai, sua mãe, irmãos, professores? Marido (mulher) ou namorado(a)? Quem o desmereceu pela primeira vez?

Escreva agora o nome dessa pessoa, e o que ela o fez passar, e escreva a cena!

Ex: Fulano disse para mim (tal coisa) na infância e isso me fez sentir (x) sensação até os dias de hoje.

Sentimentos

Agora escreva quais são os sentimentos que você sente a seu respeito.
O que você sente neste exato momento sobre você?

Exemplo: me sinto ansioso, me falta autoestima, sinto tristeza, insegurança, sinto medo de fracassar...

Ação

Agora que você já fez as partes anteriores do ciclo, agora é o momento da ação, terceira e última parte do ciclo do sofrimento.

Escreva agora, o que você está deixando de fazer por você mesmo, por causa dos sentimentos que você vem carregado a seu respeito.

O que você está deixando de fazer?

O que você abandonou?

O que você começou e não terminou?

Quais são as desculpas que você tem dado para fracassar?

Exemplo: larguei a academia, larguei o curso, não comecei a fazer tal coisa, não cuidei de mim, eu procrastino, eu não comecei aquele... eu não tive coragem de largar o... eu não falei aquilo para tal pessoa...

Agora vamos para as atividades sabotadoras mais comuns.

1. Dizer sim para os outros e sempre não para mim.
2. Ir a lugares contra a minha vontade, apenas para agradar outras pessoas.
3. Aceitar menos do que eu mereço e achar suficiente.
4. Procrastinar quando deveria estar fazendo algo precioso para o meu crescimento.

5. Não fazer o certo e sim o que me parece mais fácil.
6. Aceitar tratamentos desleais de pessoas que gosto, só para não correr o risco de elas irem embora da minha vida.
7. Aceitar brincadeiras de mau gosto quando eu poderia impor limites.

Não sinta vergonha das suas atitudes contra você mesmo, a nossa mente é treinada para nos proteger de tudo aquilo que é desafiador, mas é justamente o desafiador que o prepara para subir no palco da sua própria vida.

Quando você identifica que existe alguma comida estragada na cozinha, através do cheiro desagradável, passa a investigar de onde vem, logo abre os potes, para tentar identificar de onde está vindo o problema, para assim poder solucioná-lo.

E é, justamente isso que você acabou de fazer aqui, abrir os potes para identificar de onde vêm a sujeira, o lixo, para poder jogar fora aquilo que já não faz mais sentido para você.

A nossa vida é dividida em três tempos, passado, presente e futuro.

O que fomos, o que somos e o que gostaríamos de ser.

Se você não remove o lixo e a carga do passado, ele se impregna no seu presente e atrapalha o seu futuro.

Não existe como planejar um bom futuro, se o presente está em desordem por causa do passado, por isso é tão importante você fazer essa análise e o exercício do ciclo do sofrimento.

Lembre-se de dar orgulho para aquela criança que um

dia você foi, seja o adulto de que aquela criança se orgulharia.

Você não tem culpa do que viveu, mas tem responsabilidade de fazer melhor.

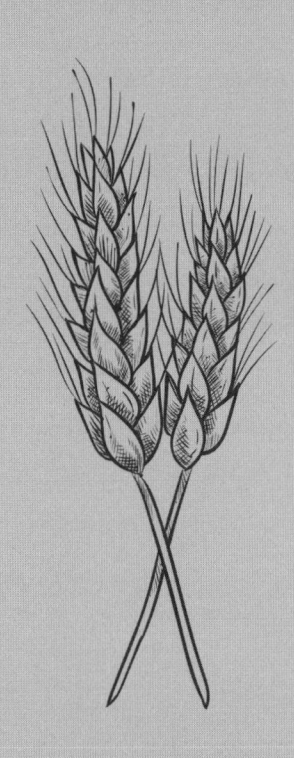

Bloqueando o ciclo do pensamento intrusivo

Tudo começa na mente, todas as criações partem de uma ideia, de um pensamento, e isso é fantástico.

Todos os feitos mais extraordinários que temos no nosso mundo vieram a partir de um pensamento, a invenção da lâmpada, a eletricidade, os meios de transporte, todas as ideias surgem na mente, para posteriormente serem criadas, sendo assim, os nossos pensamentos sem dúvida possuem um poder inigualável de criação.

No entanto, nem todas as criações são de fato positivas, a qualidade dos seus pensamentos mostra a vida que tu tens.

Se a sua vida não está congruente com aquilo que você deseja ser, ter e viver, se hoje você vive mais tormentos que alegrias, a qualidade dos seus pensamentos não é favorável a você.

Já foi visto no ciclo do sofrimento que tudo começa na

mente, seus pensamentos tornam-se sentimentos e esses sentimentos viram resultados na sua vida.

Os seus pensamentos estão treinados, estão no automático, muito certamente você teve hoje os mesmos pensamentos automáticos de ontem.

A nossa mente funciona como um HD de computador, onde tudo fica armazenado: as memórias de infância, medos, frustrações, traumas, inseguranças etc...

Todas as memórias e experiências que passamos na vida, estarão gravadas nesse HD, mas existe um problema: nem todas essas memórias são positivas.

O conteúdo armazenado em sua mente subconsciente pode estar atrapalhando você, justamente por não estar em conformidade com seus sonhos.

Pense comigo: você deseja sucesso, enquanto sua mente pensa em fracasso, você deseja prosperidade, enquanto sua mente gera escassez, que desconformidade severa!

Não conseguimos parar de pensar, mas conseguimos bloquear os pensamentos involuntários, antes que eles se tornem sentimentos e esses sentimentos virem ações e resultados ruins na nossa vida.

Sendo assim, é crucial que você bloqueie o pensamento antes mesmo dele se tornar um sentimento. Como? Usando um gatilho, um comando, para que você saia do modo automático e hipnótico da mente.

Quantas vezes, você estava escovando os dentes, por exemplo, e sorrateiramente, surgiu aquele pensamento intrusivo e assustador, que entrou na sua mente e fez morada em você por alguns segundos?

Quando entramos no pensamento por um período de tempo mais longo, o que era pensamento se torna sentimento, e é justamente aí onde mora o perigo.

Crie sua armadura em forma de comando, uma palavra de ação que o retira do modo inconsciente e hipnótico e o traz para a consciência naquele momento.

Toda vez que você perceber a presença de um pensamento destrutivo, imediatamente use uma palavra de ação como um comando, por exemplo: "chega", "já chega!"

E fale em voz alta, isso quebra imediatamente o ciclo do pensamento negativo, pois tira você do transe mental e te traz para consciência.

Quando o convite não é mais aceito, o anfitrião para de convidar. Quanto mais você bloquear pensamentos intrusivos, menor será a frequência deles na sua mente.

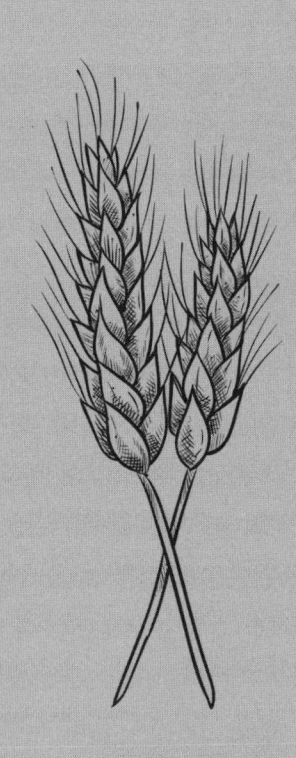

As 3 premissas para o sucesso

Agora chegou o momento de colocar a mão na massa e aprender como e o que fazer para ter sucesso em qualquer área da sua vida e se tornar um realizador de sonhos e não somente um mero sonhador.

Vamos conhecer as 3 premissas para ter sucesso na vida e desenvolver a fundo sobre cada uma delas dentro da sua vida, para que tenha resultados rápidos.

Primeira premissa: Objetivo
Segunda premissa: Rotina
Terceira premissa: Constância

O objetivo é o seu norte - a sua direção, se você não tem um objetivo não sabe o que realizar e como realizar.

Sei que você deseja muitas coisas na vida, mas o mais importante agora é como chegar até elas, isto é, o caminho até o objetivo.

Premissa 1. Objetivo

Digamos que você está num restaurante, você simplesmente pega o cardápio e se depara com tantas opções que não sabe o que pedir.

Dessa forma, se você não sabe o que deseja, obviamente não fará nenhum pedido ao garçom e, portanto, nada chegará até sua mesa.

Por isso, antes de definir o seu objetivo, vou lhe explicar a diferença entre objetivo e desejo para que assim fique mais claro na hora de escolher.

A diferença entre objetivo e desejo é simples.

Digamos que o seu desejo seja comprar um carro, logo, o seu objetivo será o que você irá fazer para comprar aquele desejo: o carro.

O carro é o desejo, o objetivo é o "como" e "o quê" você irá fazer, para realizar esse desejo.

Objetivos, planos e metas

Desejar é querer alguma coisa, você pode desejar aprender um novo idioma, se você NÃO começar a estudar, comprar um curso, ou se expuser à língua nova, ficará apenas desejando.

Objetivos: os objetivos pedem um movimento, alguma ação que você precise gerar para ir na direção daquilo que deseja.

Evite só desejar e comece a objetivar aquilo que realmente deseja, e para potencializar, falaremos também de propósito, ele mudará sua percepção de alcançar objetivos e sonhos.

Muitas vezes não alcançamos os nossos objetivos porque eles não passam de desejos vazios e sem propósito, enquanto muitos realizam, outros só desejam.

Planos: são o seu mapa da mina, o que você precisará fazer para conquistar o que deseja.

Assim como um avião possui um plano de voo, você também precisa ter o seu, caso deseje voar alto; mais adiante você terá um resumo de como fazer cada prática.

Metas: estão relacionadas ao tempo e ao prazo, ou seja: em quanto tempo você irá realizar aquele objetivo.

Exemplo 1: digamos que seu desejo seja aprender um novo idioma, sua meta é realizar esse objetivo em até oito meses, e poderá também estipular metas diárias, como estudar uma hora por dia, de segunda a sexta-feira.

Quando você não trabalha com prazos, não consegue ter foco, não tendo foco, dificilmente realizará seus objetivos, por isso estabeleça um prazo e faça seus desejos se tornarem realidade, inserindo-os dentro da sua rotina, dia após dia.

Premissa 2. Rotina

Se seus sonhos ou objetivos não estiverem inseridos dentro da sua rotina, no seu (dia a dia), você possui quase 99% de chance de nunca realizá-los.
Sua rotina nada mais é que sua vida diária, é aquilo que você faz constantemente todos os dias, rotina e vida são sinônimos.

Você precisa inserir seu objetivo (sonho), em pequenas doses diariamente, dentro do seu dia a dia, rumo à realização dele, ou seja, fazer um pouco daquilo que o leva rumo ao seu objetivo todos os dias.

Objetivo: digamos que seja ganhar mais dinheiro na sua profissão; o que você está disposto a fazer para receber essa graça?

O que está disposto a fazer todos os dias para obter isso?

Seja desenvolver alguma habilidade que você ainda não possui, aprender algo novo, fazer um curso, investir em algo, enfim, está disposto a lutar por isso, inserindo esse objetivo de uma forma constante dentro da sua rotina?

Lembre-se de que você precisa estar disposto a melhorar para poder merecer essa realização, assim como você está disposto a receber, esteja disposto a fazer por merecer.

O medíocre não combina com o extraordinário, pense nisso!

O grande erro está em deixarmos para segunda-feira, aquilo que era importante começar agora.

Nossa vida não se inicia somente às segundas, mas sim todos os dias! A vida é uma grande maratona e somos todos atletas, vivendo em ritmo de campeonato.

Lembre-se de que: a forma como você vive hoje é o desenho do seu futuro. A falta de urgência faz com que você adie o seu sucesso, então crie sua rotina de forma estratégica com as ferramentas necessárias para construir seus sonhos, crie sua rotina como se estivesse construindo uma casa para você morar.

Uma rotina de sucesso é como uma escada que você sobe todos os dias, um degrau por vez, até chegar ao topo, e sim, do topo tudo parece mais bonito.

Não seja negligente com sua própria vida, você adia aquilo que é importante para você como se fosse imortal.

Meu caro, não existe dor maior que a dor do remorso, de olhar para a sua vida e perceber que não teve o que gostaria de ter, que não foi o que gostaria de ter sido e que não viveu o que gostaria de ter vivido.

Nada é efetivamente previsível nesta vida, não existe cem por cento de certeza, mas é como a construção de um edifício, com o projeto em mãos, parte-se para fase de execução da obra, se houver um bom planejamento e execução, certamente executará com maestria um grande empreendimento.

"A vida é uma grande maratona e somos todos atletas, vivendo em ritmo de campeonato."

Construindo uma rotina de sucesso

O seu sucesso está dentro da sua rotina, se hoje sua rotina não é favorável ao sucesso, você corre o risco do fracasso.

Nada vem de graça na vida, as bênçãos não vêm de mão beijada, até para nascer é preciso esforço, para ter sucesso você precisa fazer por merecer e isso é inegociável.

Vamos, agora, pôr ordem na casa e fazer com que sua rotina o leve na direção do sucesso e não do fracasso.

Se hoje você possui uma vida desregrada, lembre-se de que o fracasso se alimenta da bagunça, da falta de organização, da falta de metas e planos, você se torna um avião sem plano de voo, fica perdido e correndo riscos de acabar no precipício.

Passo 1. Horário para acordar
Estabeleça um horário para acordar e se possível, dentro

da sua realidade, que esse horário seja antes das 8:00, assim, você aproveita mais horas úteis do seu dia para focar na pessoa que deseja se tornar e acaba não entrando madrugada a dentro, negligenciando seu sono e acordando como se fosse um zumbi em Marte.

Passo 2. Visualize aquilo que deseja ser, ter e viver na sua vida.

A nossa mente está acostumada com quem somos e não com o que gostaríamos de ser, deste modo, ela precisa de estímulos visuais, para se colocar na direção do sucesso.

Crie elementos visuais no seu quarto, com quadros, fotos, imagens, recortes, com exatamente o que você deseja ter, ser e viver, esse mural precisa representar o seu futuro.

Você precisa visualizar pelo o que está lutando todos os dias, para que não caia novamente no modo automático da mente.

Acredite, de tanto praticar ser quem você gostaria de ser, você se torna aquilo antes mesmo de ser.

Pareça-se com seu eu ideal, com quem deseja ser, se você não combina com aquilo, aquilo não é dado a você, é como se você quisesse um carro, mas não soubesse dirigir.

Passo 3. Cuide do HD (sua mente) - Seu último pensamento antes de dormir costuma ser o primeiro pensamento ao acordar, e isso pode motivá-lo ou derrubá-lo logo pela manhã.

Nesse caso, não coloque lixo no seu HD, lembre-se de

que, diferentemente de um computador, não temos como apertar um botão e mandarmos coisas ruins para a lixeira.

Passo 4. Vença as suas manhãs: se você acorda se vencendo de manhã, vencendo a preguiça, a vontade de ficar embaixo dos lençóis e o sono, você tem grandes chances de vencer na vida.

Lembre-se de que é o que você faz todos os dias que determina o que você se tornará no futuro.

Passo 5. Coloque o despertador longe da cama. Assim você se obriga a ir até ele, e nesse pequeno trajeto, seu corpo se aquece através do movimento.

Não deixe o celular perto da cabeceira da cama, a tendência é você clicar no modo soneca e acordar depois das 10h00, sendo a mesma pessoa que foi ontem, sem foco, desmotivada e se sentindo vencida pelo celular.

Vista-se imediatamente e corra para o seu afazer diário, sua primeira tarefa: se exercitar.

Lembre-se de que seu corpo precisa de movimento, a vida é movimento, se você não se exercita sua mente também fica preguiçosa,

os exercícios melhoram sua autoestima, liberam hormônios do bem-estar, melhoram seu intelecto e cognição, aumentam sua criatividade e até os seus níveis de felicidade.

Isso vai te ajudar a começar os seus dias de uma forma vencedora, pois você já começou vencendo logo pela manhã.

Passo 6. Crie sua afirmação de poder - você precisa de motivação para fazer o que está fazendo.

E nesse caso, criando uma afirmação de poder só sua, virará seu lema, sua fala e lhe trará força e propósito nas horas que precisar.

Como criar minha frase de poder? Use esse exemplo como modelo ou crie a sua própria.

"Eu sou guiado, protegido e abençoado", tudo o que eu quero vem até mim, eu mereço o melhor.

Lembre-se de que nos treinamentos de forças especiais os soldados também possuem frases motivacionais.

Premissa 3. Constância

Tivemos aqui bastante exercício sobre a segunda premissa, a rotina, agora vamos para a constância, que sem sombra de dúvidas é a mais importante, pois sem a constância não existe rotina.

Constância - não é sobre ir rápido demais ou devagar demais, é sobre não parar, não desistir do seu objetivo.

Uma pessoa constante não tem como perder, porque não desiste, enquanto muitas pessoas vão rápido demais e muitas vezes se cansam no meio do caminho, as constantes continuam e vencem.

Lembre-se disso: se você fracassar um dia, jamais desista da sua rotina só porque falhou um dia, no dia seguinte retome tudo como se nada tivesse acontecido, porque o que é um dia comparado à rotina de uma vida? Saiba que é mais fácil consertar um erro que uma vida inteira de erros. Não entregue os pontos!

Lembre-se de que esse foi apenas um exemplo de rotina, você pode criar a sua própria rotina, dentro de sua realidade e possibilidades.

Precisamos falar das recompensas, nós nunca fazemos algo a troco de nada.

Você só escova os dentes, pelo medo de perdê-los ou por medo do hálito de gato.

A sua mente é uma filha da mãe esperta e vive em busca de recompensa, inclusive as rápidas.

Como hoje não vivemos mais na época das cavernas, não precisamos mais caçar para sobreviver, as coisas se tornaram mais fáceis, de certo modo.

Sabemos que é muito mais fácil comer comidas gostosas, maratonar séries e passar horas fazendo o clássico "monte de nada", do que escalar uma montanha.

O grande problema é que estamos acostumados com as recompensas rápidas, estamos cansados e já nos deitamos no sofá e passamos horas assistindo séries e nos enchendo de fast-food.

Lembre-se, somente após um atleta vencer uma prova que lhe é dada sua medalha, então, pare de trapacear na sua própria vida.

Se deseja que sua vida seja justa, seja o justo, não espere da vida aquilo que você mesmo não se dá.

Então procure usar as recompensas de forma correta, para não entrar em hábitos disfuncionais para você, se dê o direito de desfrutar de suas recompensas a cada meta cumprida, rotina bem feita, e defina-as, quantas vezes você descontou suas emoções e o seu tédio nas recompensas rápidas? Comidas, bebidas, pornografia, internet etc.

Não conseguimos mais lidar com o tédio, sempre recorremos a alguma coisa, seja comendo, bebendo ou assistindo algo.

O seu cérebro é um "filho da mãe esperto", vai "viciar" nas recompensas.

As recompensas rápidas ativam o sistema de recompensa do seu cérebro, fazendo com que sua busca por prazer imediato seja incessante e você se torne cada vez mais fraco.

Como se recompensar de forma correta?
Vamos lá!

Nós não fazemos nada à toa, como já disse anteriormente, até quando escovamos os dentes é por um motivo, e sua mente precisa de um bom motivo para não querer desistir daquele esforço.

Para todo esforço é preciso haver uma recompensa e quando não vemos o resultado geralmente desistimos do esforço que estamos fazendo, porque nos parece em vão.

Por isso que, muitas pessoas começam na academia e semanas depois desistem, porque não conseguem visualizar resultados rápidos, e muitas atividades são assim, só teremos a recompensa no futuro. Então o que fazer para não desistir hoje de algo que só teremos no futuro?

Após um dever cumprido, no caso, ao final de uma semana cumprida com sucesso, escolha uma boa recompensa para você, seja indo naquele restaurante, pedindo aquela comida deliciosa, assistindo aquela série, fazendo o que você de fato você gosta, escolha sua forma de se recompensar pelo o seu excelente papel cumprido.

Lembre-se: o atleta recebe seu troféu após se classificar na prova.

O que não é aconselhável fazer é inverter os passos, pois você estará treinando sua mente para o fracasso.

As recompensas são como aquela viagem de férias, você espera avidamente para chegar o momento, e valoriza cada processo, por que sabe o quanto teve que esperar por ela.

Quando você se recompensa da forma correta, você se motiva e permanece constante na direção dos seus objetivos, sonhos e metas.

Assim você se treina para ser um vencedor, e não um fracassado; escolha fazer o correto, e não o mais fácil.

*Não escolha aquilo que é mais fácil,
escolha aquilo que é mais correto.*

*Acredite, de tanto praticar
ser quem você gostaria de ser,
você se torna aquilo,
antes mesmo de ser.*

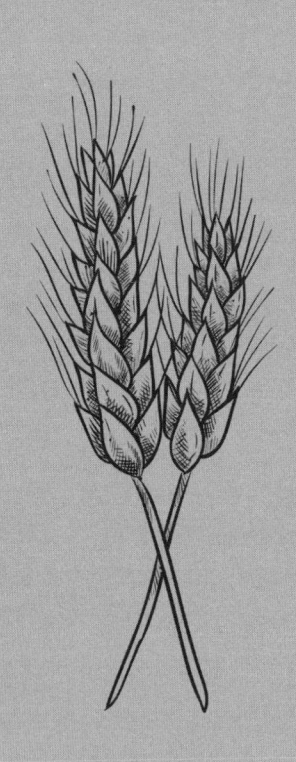

Como definir o seu propósito

Vamos fazer uma breve analogia: digamos que seu propósito seja fazer um bolo de aniversário maravilhoso, para comemorar o aniversário de uma pessoa querida. Você já acorda pela manhã com aquele propósito na sua cabeça, ir ao mercado comprar os ingredientes do bolo.

Assim você toma o seu café, e logo se dirige até o supermercado para comprar o leite, os ovos, o açúcar e todos os outros ingredientes necessários para fazer esse bolo, porque, ainda que a tarefa exija algum esforço, você estará motivado, pois o seu propósito é infinitamente maior que o trabalho que você terá para prepará-lo. Quando o propósito é bonito o esforço vale a pena!

Propósito: é o motivo pelo qual você luta e se esforça por alguma coisa, é a razão que o faz acordar motivado para fazer o que precisa ser feito.

O objetivo é o que você deseja realizar, já o propósito é o motivo que o faz acordar todos os dias para realizar aquele objetivo, o propósito é a centelha que lhe trará motivação, pois ele é maior que o próprio sonho.

Quando o propósito se torna maior que o objetivo ou sonho você não abandona seu foco, você não se permite desistir, ainda que enfrente dias difíceis, segue adiante.

Talvez seja por isso que você acorde desmotivado, porque se não há um propósito não há motivo para fazer as coisas.

Muitas vezes, você olha para o seu sonho com tristeza, com frustração, com uma sensação de vazio dentro do peito, porque seu sonho parece distante e seu propósito é fraco ou inexistente.

E agora, como ter um propósito? Vamos lá, esse é o momento de auxiliá-lo a arrumar a casa.

Para falarmos de definição de propósito precisamos falar de sonhos ou objetivos, se você não sabe exatamente o que quer, não saberá como pedir, é como se estivesse com um cardápio cheio de opções e confuso para fazer o pedido, então, o primeiro passo é você definir o que realmente deseja.

Pense no seu objetivo ou sonho, como algo inteiro, algo maior, não a fatia de algo, imagine que você precisa pedir uma pizza e não uma fatia dela, não peça metade, peça o todo, treine-se para o grande, porque somente assim, você se preparará para receber o extraordinário e não o medíocre.

Lembre-se: não faça o mais fácil, faça o mais correto. Na vida adoramos fugir daquilo que nos exige algum esforço e muitas vezes nos contentamos com um prato cheio de migalhas e de coração vazio.

Para falar de propósito precisamos considerar a magia por trás dele, o propósito não pode ser um desejo egoísta, no qual somente você se beneficia, o propósito precisa vir como uma contribuição.

Existe uma palavra em hebraico chamada natan, perceba que sempre é a mesma escrita, tanto de um lado, quanto do outro, é um símbolo perfeito de infinito, de completude, é uma assimetria perfeita.

Natan vem do hebraico, que significa contribuir, compartilhar e, sem dúvidas, essa palavra é a que melhor representa o sentido original de propósito: contribuir.

Nós seres humanos somos naturalmente egoístas, até pela própria preservação, olhamos sempre para o nosso umbigo, queremos sempre o melhor pedaço, os melhores trabalhos, as melhores casas etc., não há nada de errado nisto, contudo, o erro está em querer de forma egoísta.

Quando o receber vem mesmo antes do contribuir, geralmente pensamos no trabalho que estamos fazendo não por aquilo que estamos entregando, mas pelo o que vamos receber em seguida.

Não prestamos atenção na comida, mas sim em saciar a fome ou desejo, se você faz o seu trabalho ou exerce sua profissão pensando mais em receber que em contribuir, o resultado é certeiro: insatisfação ou falta de prosperidade.

Porque a energia do dinheiro é de troca, a prosperidade financeira vem em virtude da entrega, da contribuição, você precisa contribuir com o seu serviço e receber algo em troca, contudo, a energia que emprega no seu trabalho é determinante para ter sucesso ou fracasso.

Você pode obter rios de dinheiro e, ainda assim, sentir-se como um mendigo, saiba preencher o seu coração com um bom propósito ou terá que enfrentar o vazio que o egoísmo traz.

Primeiro se entrega e depois se recebe, e isso é algo simples, apenas mudando o seu pensamento, "o motivo" pelo qual você faz o que faz, assim você altera a forma que recebe.

Nesse sentido, quando for definir o seu propósito pense na contribuição que você está doando através do seu trabalho, do seu serviço, para seus clientes, pois, assim, você estará se alinhando com o propósito e com a energia sagrada do dinheiro.

O dinheiro é sagrado, é uma energia próspera que nos possibilita dignidade para nós e para os que amamos.

Assim como uma faca pode auxiliar na preparação dos alimentos, a mesma faca usada de forma indiscriminada poderá ferir alguém, ela não é ruim, mas sim quem a manuseia de forma errada, até para utilizar uma faca é necessário um propósito.

Para o auxiliar ainda mais na definição de propósito, você poderá responder a algumas perguntas que lhe trarão maior clareza.

O que eu quero? Por que quero isso? Qual a contribuição que estarei dando para receber isso? Parece justa? Eu sou merecedor disto, porque eu oferecerei isso ao mundo com meu trabalho.....

Ao responder essas perguntas você também se torna

muito mais merecedor, pois sabe o que está entregando e sabe que merece receber.

O senso de justiça o coloca como merecedor e isso te ajuda você a realizar.

Lembre-se de que todo trabalho na Terra é uma contribuição, seu trabalho hoje ajuda alguém, contribui com a vida de alguém.

A dona de casa contribui com a vida dos familiares: filhos, marido, ela cuida do que há de mais preciso, o lar e a família.

O advogado resolve aquilo que as pessoas não conseguem resolver sozinhas e merece ser retribuído.

A forma como você enxerga o seu trabalho muda a forma como recebe por ele e isso muda seu propósito, ou seja, o motivo pelo o qual você desempenha essa função.

Definição de propósito:

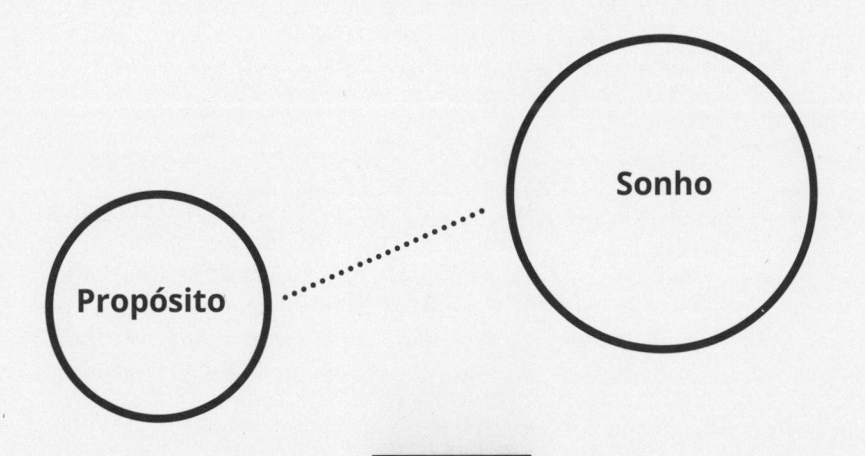

Propósito .... **Sonho**

Propósito
Acordar todos os dias com um motivo para fazer algo.
Uma contribuição remunerada, você oferece algo bom e é recompensado.
Precisa estar inserido na sua rotina, no seu dia a dia.
Trabalhar com um propósito te o faz realizar seus sonhos mais rápido.

Sonho
Conquistas materiais que você recebe através do seu trabalho: natan.
Realizações, receber por algo que você entregou, podendo ser material ou não material, como: prestígio, títulos, reconhecimento etc.

Digamos que você trabalhe com vendas de carros, como podemos criar um exemplo de definição de propósito para você?

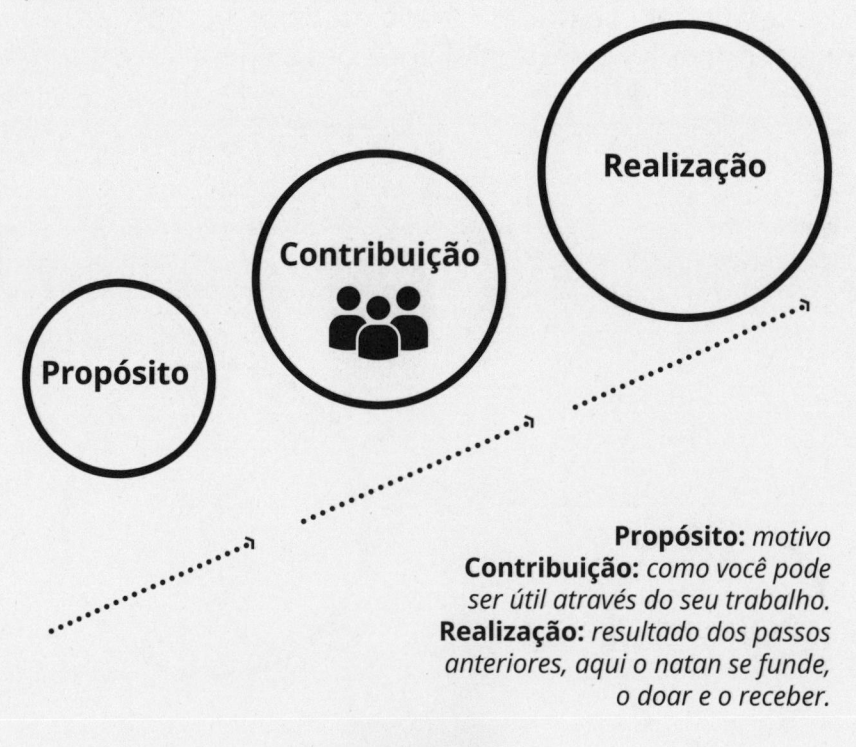

Propósito   **Contribuição**   **Realização**

Propósito: *motivo*
Contribuição: *como você pode ser útil através do seu trabalho.*
Realização: *resultado dos passos anteriores, aqui o natan se funde, o doar e o receber.*

Propósito
Entregar o melhor serviço para os clientes, ser um excelente vendedor com o foco na realização do cliente.

Seu propósito precisa ser focado na contribuição que você oferece, em como você pode de forma genuína ajudar aquela pessoa com seu trabalho, em como você pode ser útil.

Lembre-se de que seu trabalho é sempre uma contribuição para alguém, e sua prosperidade vem a partir disto, então considere oferecer o seu melhor, sem pegadinhas e letras miúdas, pois essa prosperidade.

*Quando o propósito
é bonito o esforço
vale a pena!*

*Pratique o natan,
contribuir com o melhor,
para assim receber.*

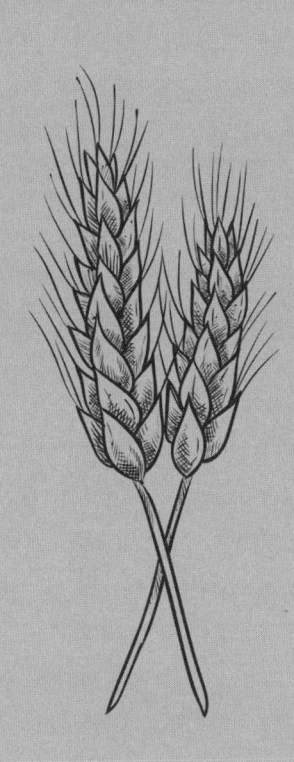

Tríade do Poder

Existe um sonho, um lugar aonde desejamos chegar na vida, um estágio, uma sede de realização, o grande problema é que desejamos coisas grandiosas e não nos sentimos tão grandiosos assim, e muitas vezes, o não ter, o não ser e o não viver ainda aquilo que gostaríamos de viver nos frustra antes mesmo de começarmos a lutar.

Eu aprendi muito cedo que, se eu quisesse algo, teria que fazer por merecer, que bênçãos não são dadas de graça, se você possui sonhos grandiosos precisa se tornar tão grandioso quanto esses sonhos.

Muitas vezes, somos incompetentes na nossa própria construção de vida, desejamos a Ferrari, mas nem sabemos dirigir, somos um avião, mas sem um bom plano de voo.

E, nesta parte, vamos falar da tríade do poder que é a chave para nos alinharmos com o que desejamos.

A tríade do poder trata de três pontos cruciais para o alinhamento com aquilo que desejamos na vida, e se compõe assim:

Tríade do Poder

Corpo

Mente

Espírito

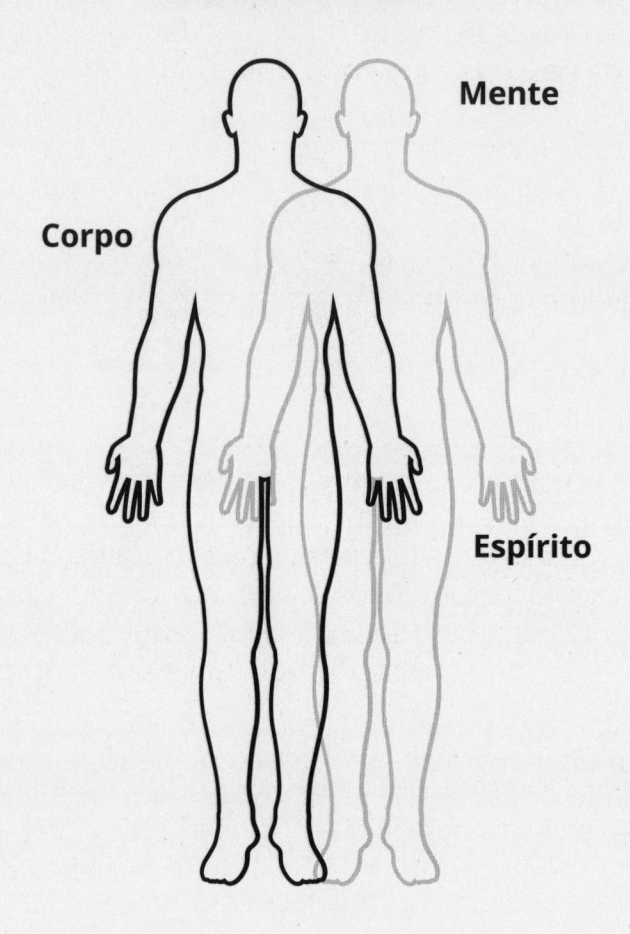

Sem essa conjunção não se obtém a realização, pois não existe um alinhamento.

Vamos nos aprofundar em cada um dos elementos da tríade para lhe trazer maior clareza.

O corpo - é o elemento um, é o seu físico, o que envolve

aspectos físicos e fisiológicos, sua saúde, o bom funcionamento da máquina que é você.

Seu corpo físico é a sua expressão de vida aqui na Terra, é o transporte da sua alma, é o que define sua identidade, é tão especial que num planeta com mais de 7 bilhões de pessoas, ainda não existe ninguém igual a você.

É necessário que cuide muito bem dele, ele o carrega nesta dimensão de vida, jamais seja negligente com ele.

Tanto para a manutenção da sua saúde, quanto da sua autoestima, é necessário que você esteja bem com ele.

Veja o seu corpo como um carro, se você utiliza combustível de má qualidade ele não terá uma boa autonomia, ele pifou e não levará aonde você deseja chegar.

Não podemos falar de corpo físico sem falar de autoestima, esta não está ligada a vaidade, mas sim a sua auto-valorização, como você se enxerga, a visão que possui de si mesmo.

Quando você não tem uma boa autoestima, ou seja, não possui uma visão de valor a seu respeito, também não terá autoconfiança, e uma pessoa sem autoconfiança não mantém motivação para ir atrás daquilo que deseja viver.

Desse modo, é de extrema importância que você cuide da manutenção do seu corpo físico, a ponto de gerar admiração por você, já que o seu corpo vai levá-lo aos lugares, que leve em grande estilo, com autoconfiança e poder pessoal.

Estímulos - Ofereça a sua máquina (corpo) os estímulos necessários para que ele possua força, saúde, formosura e longevidade.

Uma vida sedentária não propicia um corpo forte, saudável e formoso, a vida vai tratá-lo como você se trata.

Não espere desenvolver poder pessoal se você trata miseravelmente o seu corpo.

O poder da imagem

Não existe sensação melhor que se olhar no espelho e gostar daquilo que vê.

Sua imagem é extremamente importante, tanto para sua autoestima e autoconfiança, quanto para seu magnetismo para atrair boas oportunidades para você.

Goste você ou não, uma pessoa apresentável passa muito mais credibilidade e confiança, digo por experiência própria, vim de uma realidade muito escassa, não tínhamos condições financeiras para comer, beber e vestirmo-nos com dignidade, e logo cedo, experimentei a sensação de viver com muito pouco.

Na pré-adolescência, em busca de melhores oportunidades meus pais me permitiram morar na cidade grande a fim de buscar melhores oportunidades, saí de uma cidade de 7 sete mil habitantes no interior da Paraíba e fui morar numa das maiores comunidades do Brasil e do mundo, a Rocinha, no Rio de Janeiro.

Nunca tinha me deparado com nada parecido, um emaranhado de casinhas minúsculas de várias cores, fios de eletricidade por todos os lados, uma mistura de beleza e caos.

Da janela da casa da minha tia tínhamos uma bela vista

da Lagoa Rodrigo de Freitas, com uma paisagem verdejante e um Cristo de braços abertos acolhendo todas as classes sociais.

E das alturas eu conseguia ver exatamente a grande separação de classes, a Rocinha é uma comunidade localizada a 1.230 metros acima do nível do mar e a perspectiva de realidade vista de suas janelas é de fato deslumbrante.

Contudo, é inegável a discrepância das duas realidades, lá em cima falta de tudo que lá embaixo sobra.

Naquela época, viam-se muitos tiroteios e invasões de comando rivais, experienciei alguns deles, situação em que ficávamos abaixados para nos livrarmos de balas perdidas.

As conversas nas ruelas e becos eram de pós-guerra, ouviam-se os boatos de quantas pessoas tinham morrido atingidas pelas balas, mortos nos becos, boatos de casas invadidas em busca de fujitivos, soava como um filme de terror na vida real.

Realidade que para uma menina do interior da Paraíba não era tão comum, eu nunca tinha entrado num elevador, visto um prédio de perto e ali eu estava separada por dois mundos, o real e o imaginário.

Nunca me entristeci com minha realidade a ponto de perder a força de vontade, se eu quisesse uma realidade melhor, que lutasse por ela.

Eu de fato não me considerava tão boa para merecer todas as coisas que eu idealizava, pude me certificar disto nas entrevistas de emprego que eu fazia constantemente a fim de realizar o sonho de ter meu próprio sustento.

Nas entrevistas eu era a pior, porque havia um grande problema comigo, eu não falava, tinha medo de errar e de ser julgada pelos o erros contidos nas minhas palavras.

Minha imagem era de uma garota insegura, despreparada e tímida.

Eu almejava o sucesso, mas passava fracasso, eu queria prosperidade, mas vibrava escassez e essas características estavam impressas em mim, através da forma na com a qual me vestia, andava e falava.

Após algumas entrevistas fracassadas, resolvi parar de me expôr ao ridículo e comecei a adotar uma estratégia para acabar com o insucesso, antes que ele acabasse comigo.

Passei a observar a alta sociedade carioca, que parecia viver nas novelas de Manuel Carlos, as pessoas dessa classe caminhavam com um gingado clássico da "cidade maravilhosa", esbanjando uma leveza despreocupada, sem rigidez, um sorriso solto e uma leve prepotência disfarçada de simpatia.

Existe algo que podemos chamar de modelagem, que se traduz em se espelhar num modelo de pessoa que você gostaria de se tornar, e, de fato, aqueles modelos não eram de todo positivos, mas era o que eu tinha como exemplo.

E, assim, dei início ao meu projeto de aprendiz involuntário, comecei a observar os modelos de pessoas que naquele momento eram minhas únicas referências e me moldei a elas, a fim de merecer as vagas de emprego que tanto desejava.

Mudei completamente a forma de me vestir, de andar e de me comportar, me vestia com mais sobriedade, o que me trazia uma certa elegância dentro daquela timidez.

Passei a me treinar em frente do espelho, repetir as frases que me perguntavam em entrevistas de emprego e que haviam ficado engasgadas na garganta e passei atreiná-las. Meu maior treinamento era falar de mim, eu era extremamente incompetente nisso, ainda que me conhecesse bem, não sabia formar uma frase sobre mim sem tremer a voz e duvidar.

Mais adiante neste manual, você terá mais pitadas dessa história, mas o que preciso afirmar é que você precisa se conhecer tão bem a ponto de saber falar sobre você, como um pintor fala da sua obra: não seja um incompetente para relatar sua própria história.

Você é como um roteirista de filme, prestes a escrever um roteiro, terá a liberdade de redigir um drama, um terror ou um belo romance, capriche no personagem principal.

Aprendi na prática que aqueles que desejam se tornarem pessoas de sucesso não devem vestir-se como fracassados.

Será mesmo que a aparência importa ou trata-se de pura vaidade? Vou fazer algumas perguntas e você se sentirá tentado a respondê-las com o seu próprio pensamento.

Quando você vai ao mercado comprar frutas quais você escolhe? As murchas ou as mais bonitas e apetitosas?

Quando você vê flores numa floricultura, você é atraído por quais? Certamente não será pelas murchas, certo?

Se a aparência não importasse, você compraria frutas podres ao invés das mais bonitas, então sim, aparência importa e você é a sua vitrine, que atrai olhares e oportunidades.

Seja aquele emprego, seja subir de cargo na empresa, seja conquistar clientes, vender algum produto ou serviço, tudo, absolutamente tudo no mundo em que vivemos, envolve pessoas.

Contudo, se você passa uma imagem positiva através de sua vitrine, logo aumentará suas chances de obter o que deseja, quando as pessoas o admiram, simpatizam com você, e são atraídas positivamente pela imagem que transmite, coisas boas acontecem para você, sendo assim, não seja tão egoísta a ponto de imaginar que o mundo é composto apenas por você!

Obviamente que através da vitrine não saberemos a qualidade do produto e tampouco do serviço, mas já fomos atraídos até lá, e após um cliente ser atraído até a vitrine, o dever do vendedor é manter a conexão gerada inicialmente, fazer a expectativa ser atendida e, assim, colher bons frutos através de um bom negócio.

Mente

Mente - o segundo elemento da Tríade do Poder é a mente, e nesse elemento podemos considerar a mentalidade, a inteligência, o intelecto.

Não somos seres com aspectos isolados, o corpo trabalha em conjunto com a mente e vice-versa, somos uma junção, um conjunto, e nenhum aspecto pode ser ignorado, pois do contrário caímos na mediocridade.

O problema está em desejar sucesso nível 10 na vida e

ser uma pessoa nível baixo. De fato isso pode ter soado pesado, mas tudo aliviará!

Se você deseja uma vida de alto nível, precisa subir de nível em todas as áreas da vida, lembre-se de que as bênçãos não vêm de mãos beijadas, é preciso fazer por merecer.

Lembre-se de que a dor da ignorância dói bem mais, que a dor do esforço que você precisará fazer para ter mais sabedoria.

A sabedoria liberta, enquanto a ignorância aprisiona.

A vida é como um cardápio, você possui muitas opções nas mãos, porém precisará pagar o preço para ter algumas delas na sua mesa.

Exercício

Te proponho fazer uma lista das principais áreas da sua vida: física, intelectual, emocional e espiritual, coloque também as sub-áreas para cada uma das áreas e dê uma pontuação, uma nota para cada uma delas, de 0 a 10.

Exemplo:

Área física
Saúde = 7
Autoestima e aparência = ?
Disposição = ?
Qualidade do sono = 5

Área intelectual
Inteligência = 8 Raciocínio =
Capacidade de aprendizado =

Áreas emocional e espiritual
Relacionamento amoroso = 6
Família, amizades e vida social = ?
Espiritualidade e conexão = ?
Fé, positividade = ?

Obs.: a área espiritual não é a respeito de religião, mas de conexão com sua essência mais pura, conexão com aquilo que não podemos ver, o intangível, podemos chamar de Deus, alma, Universo, intuição ou aquilo com que você sentir maior identificação.

Desenvolver seu intelecto, sua inteligência é sem dúvidas uma forma de poder, quando você adquire conhecimento também adquire poder, você se torna mais sábio e isso aumenta sua autoconfiança e vai se sentir mais motivado e merecedor.

O problema é que, quando queremos conquistar sonhos ambiciosos na vida, geralmente pensamos apenas neles, mas é de suma importância considerarmos subir de nível em todas as áreas da vida para, assim, ficarmos à altura daquilo que desejamos.

Busque desenvolver-se intelectualmente, seja aprendendo uma nova língua, tendo o hábito da leitura, fazendo cursos, treinamentos e procurando conhecimento a fim de desenvolver novas habilidades, saiba que sua mente é uma máquina, porém precisa ser estimulada.

Para merecer a vida que deseja, você precisa subir sua nota, a avaliação que você mesmo possui de você, suba a pontuação nas áreas da sua vida e veja os milagres acontecerem.

Quando você combina com aquilo que deseja, aquilo

que almeja vem até você.
O Universo se rearranja e usa as ferramentas aqui disponíveis, para que você receba aquilo que merece.

Você acaba conhecendo pessoas que vão conectá-lo com o que precisa receber, seja intencional, saiba o que está fazendo e porque está fazendo.

Todo o seu esforço hoje é para ter, ser e viver aquilo que você merece, tenha em mente que por mais que a evolução e o desenvolvimento demandem esforço, muito pior é ter que se esforçar para suportar uma vida medíocre, enquanto poderia estar desfrutando do extraordinário.

Espírito

Espírito - o terceiro elemento da Tríade do Poder é o espírito, e nesse elemento podemos considerar o desenvolvimento da espiritualidade, a conexão, a fé, o intangível e o pertencimento.

Temos uma energia que anima esse corpo físico, precisamos cuidar dessa parte intangível, aquela que não podemos tocar, mas sabemos que está presente.

Quanto mais você se afasta do seu lado espiritual mais ganha ansiedade e tristeza na vida, você precisa se conectar com sua essência divina ou sofrerá as consequências desse mundo material.

Aqui você sofre por tudo que ainda não é, não possui e não vive, sofre pelos os desejos, e se torna cada vez mais ingrato pelo o que já possui.

O desejo desenfreado acaba com a paz da sua alma.

Uma vida baseada somente nos desejos da carne e no

material lhe trará muito sofrimento, justamente por não estar em equilíbrio com os outros elementos da tríade.

Considere esta frase e reflita sobre os desdobramentos dela: "Assim na terra como nos céus".

Procure enxergar você mesmo como um todo, o equilíbrio entre corpo, mente e espírito, não se enxergue somente como carnal e material, enxergue a tríade, enxergue você assim na terra como nos céus e se alinhe nos três campos: corpo, mente e espírito.

Se você estiver muito voltado para o físico, o corpo que podemos chamar de carnaval, você sofre no emocional, se você estiver mais voltado para o intelectual certamente o físico está sendo negligenciado, e assim por diante.

Então lembre-se da tríade, é necessário o alinhamento desses três elementos para viver com propósito.

Ainda que evoluir exija esforço e esforço gere dor, saiba que a dor do fracasso é bem mais cruel que a dor do esforço.

Estoicismo - um superpoder chamado autocontrole

Muitas vezes, quando tudo parece estar indo bem, somos surpreendidos por uma avalanche em nossas vidas: somos assaltados, ficamos doentes, alguém que amamos morre, somos traídos, um eletrodoméstico queima etc.

Assim é a vida, repleta de águas calmas e turbulentas.

Mas como se preparar para viver numa vida tão imprevisível? Quantas vezes você conseguiu controlar quando ia ficar doente ou quando se envolveria num acidente? A resposta é simples, nenhuma! Nós não temos controle das coisas que nos acontecem, apenas de como reagimos a elas.

A filosofia estoica nos mostra que não podemos controlar as coisas que nos acontecem, mas, sim, como reagimos a elas, nos permitindo desenvolver razão e autocontrole, mesmo diante das adversidades.
O estoicismo teve início na Grécia antiga, mas ganhou

popularidade e fama em Roma e possui adeptos até os dias de hoje.

Naquela época, o estoicismo era ensinado a todos, independentemente de cor, religião e crenças, mulheres e homens podiam ter acesso aos ensinamentos estoicos, e não seria justo nos dias de hoje, não usufruirmos dessa sabedoria milenar, por isso vamos falar um pouco sobre ela.

A sabedoria estoica afirma que, embora não tenhamos controle sobre as coisas que nos acontecem, podemos ter controle de como reagimos a elas.

Para isso, vamos usar estas duas premissas:

1. Coisas que estão sob o nosso controle;
2. Coisas sobre as quais não temos controle nenhum.

Na visão estoica devemos nos concentrar naquelas coisas que podemos controlar, a fim de evitar o sofrimento desnecessário e inútil.

Não somos capazes de controlar tudo que nos acontece, pois a vida é imprevisível e num piscar de olhos tudo pode mudar, contudo, a filosofia estoica o auxiliará a manter-se neutro, controlado, passivo e em paz, mesmo diante dos desafios.

Isso lhe trará força, paz e inteligência emocional para todos os aspectos da sua vida.

Zenão de Cítio foi um filósofo da Grécia antiga e um dos comerciantes mais ricos de sua época.

Um certo dia, ao levar sua preciosa carga em alto mar, antes mesmo de chegar ao seu destino, viu seu barco naufragar, perdendo tudo que transportava.

Zenão carregava toda a sua riqueza naquela embarcação, logo, o rico comerciante se viu imediatamente pobre e sem rumo.

Segundo a história, após ter perdido toda a sua mercadoria, Zenão foi para Atenas em busca de compreensão e clareza, a fim de encontrar um significado para o que lhe havia ocorrido.

E foi em meio aos turbulentos desafios que vivera em sua própria vida que Zenão de Cítio obteve a inspiração e sabedoria para fundar sua própria escola: o estoicismo.

O estoicismo, portanto, nasceu a partir de um naufrágio, da desafiadora experiência de vida de um rico comerciante que se vê pobre, à deriva de um futuro de incertezas, tendo como seus únicos pertences suas vestes, pois todos os seus bens acumulados durante toda a vida, estavam agora, perdidos no fundo de um oceano turbulento.

Mesmo em meio ao caos, Zenão passou a ensinar a filosofia estoica, para que as pessoas pudessem utilizar a razão e autocontrole em benefício próprio, permanecendo serenas, calmas e em paz, mesmo em meio às intempéries da vida.

A sabedoria estoica e suas práticas eram compartilhadas com todos. Dentre os estoicos mais conhecidos da época estão: Marco Aurélio, Epicteto e Sêneca.

Marco Aurélio, o imperador de Roma, foi um dos estoicos mais importantes da época permanecendo notável atualmente.

Ele costumava escrever manuscritos com seus pensamentos, o que mais tarde tornou-se o famoso livro, "Meditações de Marco Aurélio".

Epicteto, outro grande nome de referência Estoica, e meu estoico favorito, nasceu como escravizado, sendo liberto apenas aos 30 anos de idade.

Epicteto teve um mestre muito cruel, conta-se que num rompante de fúria ele o teria amarrado e torcido sua perna até que a quebrasse. Ainda com a lancinante dor provocada por tamanha tortura, ao contrário do que possamos imaginar, Epicteto não esboçou qualquer tipo de emoção, apenas advertiu ao seu mestre que estava indo longe demais. Mesmo com a advertência de Epicteto, o homem cruel seguiu com a tortura e só após o estalo de sua perna, Epicteto esboçou um som: "Eu não disse?" Essa tortura o fez andar manco pelo o resto de sua vida.

Após ter sua liberdade aos 30 anos, fundou sua própria escola estoica e passou seus ensinamentos para grandes nomes da época. Podemos ter acesso a seus ensinamentos através do livro: "Manual de Epicteto".

A partir de agora você vai aprender alguns exercícios estoicos chamados de desconforto voluntário, que têm como objetivo principal aumentar seus níveis de gratidão e desenvolver uma mentalidade fortalecida, capaz de encontrar a razão e o autocontrole diante dos desafios da vida.

Não temos como saber quando um desafio vai surgir no nosso caminho e, muitas vezes, reagimos mal a eles. Quanto mais despreparados nos encontramos, mais nos tornamos vulneráveis ao sofrimento.

Ao suportarmos situações de desconforto, estamos preparando nossa mente para lidar de forma racional, calma e inteligente com situações de adversidade, tendo em vista que viver é imprevisível e que tudo pode acontecer a qualquer momento, desenvolver a razão e o autocontrole é, de fato, um super poder na vida.

Lidando com o desconforto

Vamos considerar ser insultado- certamente não é uma situação simples, normalmente, dependendo do nível do insulto, pode nos tirar do prumo.

Muitas vezes, você estava vivendo sua vida, fazendo suas tarefas e se deparou com um arquético de capeta pelo caminho, que parecia tentar tirar sua paz e lá estava você num teste de paciência involuntário.

Digamos que uma pessoa o insultou. Perceba que ao ouvir o insulto imediatamente você faz um julgamento em forma de análise do e logo classifica aquilo como positivo ou negativo, a partir daí, vem o sentimento de raiva.

Certamente você já falou aquela clássica frase: "Fulano acabou de estragar meu dia".

Agora perceba o quanto de poder o fulano possui sobre você, fulano decide seu humor, suas emoções e suas ações, perceba quanto poder damos aos outros, a partir de um insulto.

Como havia sido dito no capítulo anterior sobre críticas e julgamentos, "dai a César o que é de César", mas sem perder aquilo que é seu, neste caso, sua paz.
Mas na vida enfrentamos todos os tipos de desafios, temos que enfrentar perdas, luto, doenças, desilusões e tudo aquilo que é clássico de se deparar no percurso da

vida.

A filosofia estoica pode nos trazer paz, serenidade e, sobretudo, autocontrole diante de qualquer situação em nossa vida.

Para isso, lembre-se de seguir as duas premissas estoicas de que falamos anteriormente:

- Coisas nas quais você tem total controle;
- Coisas nas quais você não tem controle nenhum.

Foque aquilo em que você possui algum controle ou total controle, focar naquilo em que você não possui controle é inútil e sua única garantia é de que irá sofrer.

Segundo Sêneca, outro grande filósofo estoico, nosso tempo de vida na Terra não é curto, como a maioria de nós pensa, na verdade, temos tempo suficiente de vida, o problema é que desperdiçamos esse tempo com coisas desnecessárias.

Viva a vida como um ator de um espetáculo, no qual sua missão é procurar desempenhar bem o seu papel, mas não lhe cabe decidir a duração do espetáculo, tampouco garantir que irá agradar à plateia, pois isso foge do seu controle.

Hábitos Estoicos

Primeiro hábito - Responsabilidade sobre seus atos - Exercite a autorresponsabilidade pelas suas ações, bem como pelos resultados delas, evitando imprimir culpa nas outras pessoas.

Naturalmente quando estamos chateados, ou quando algo foge do nosso controle, arranjamos um culpado para tirar a responsabilidade de nossas costas. Parece que estamos de fato ganhando algo, um certo alívio, mas saiba que desta forma você assume a posição de vítima, e vítima não prospera.

Desenvolva a gratidão - Você sempre encontrará um motivo para ser grato, não espere um naufrágio na vida para lembrar-se de ser agradecido.

Olhe para a sua casa, para os seus objetos, para as pessoas que ama, certamente encontrará uma lista de coisas pelas quais poderá ser agradecido, ainda que hajam coisas para conquistar.

Muitas vezes, baseamos a nossa felicidade em coisas materiais, pessoas e situações externas, que estão fora do nosso controle, e ao fazermos isso só podemos ter uma única certeza, a da frustração.

Até que ponto você controla as coisas? Até que ponto você domina os acontecimentos externos?

Você pode influenciar seu futuro fazendo um bom planejamento, tendo boas escolhas que o levem na direção do que deseja, contudo, jamais terás plena certeza de que tudo sairá exatamente como planejou, porque na vida precisamos lidar com a imprevisibilidade e instabilidade dos acontecimentos externos.

Não seja um irresponsável na criação da sua própria vida, nem seja um tolo a ponto de desperdiçar seu tempo útil de vida com aquilo que não está sob seu controle, sofremos mais pela imaginação que pela realidade dos fatos.

Durante a maior parte do tempo, deixamos a vida passar, damos muita importância para coisas de pouca importância, vivemos sem foco, como se estivéssemos anestesiados.

Algumas pessoas sabem o que desejam, mas fogem da responsabilidade de perseguir o que almejam por medo do fracasso ou dificuldade da tarefa, dão desculpas para si mesmas, alegando não estarem prontas, não terem o dinheiro suficiente, o tempo suficiente e passam a vida dando desculpas e com o coração cheio de remorsos.

Que você decida viver a sua vida enquanto há vida em você, não corra o risco de decidir viver de verdade, quando não lhes restar mais força, quando não lhes sobrar tanta destreza, e principalmente, que você não decida viver quando já não lhes restar mais tempo.

O tempo é o maior inimigo do desperdício, ele é impiedoso com aqueles que não os respeita, sobretudo com aqueles que não reconhecem o valor da sua importância.

A vida é um espetáculo onde você é o ator, no entanto, não cabe a você definir quanto tempo durará o espetáculo, lhe caberá, apenas, desempenhar um bom papel.

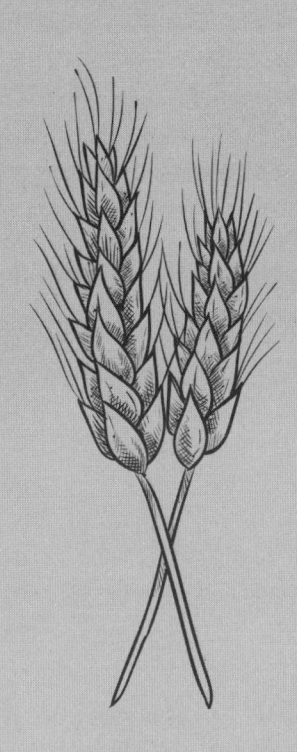

Linguagem corporal Códigos do corpo

Na vida você pode ser o personagem fracassado ou o vencedor e cada um deles possui um arquétipo, uma imagem que lhe representa.

A linguagem corporal é exatamente a linguagem do seu corpo, como você se comunica, são seus gestos e expressões.

Aqui, o objetivo não é torná-lo um perito em linguagem corporal, mas sim trazer a informação necessária para que você possa se moldar, adequando e alinhando sua linguagem corporal aos objetivos que deseja alcançar.

Você aprenderá a desenvolver uma linguagem corporal de poder, autoconfiança e credibilidade, bem como entender melhor as outras pessoas, através de seus gestos.

A linguagem corporal é o seu cartão de visita, ela poderá abrir portas na sua vida, bem como oportunidades inimagináveis.

Segundo Jeff Sheffer e Marvin Karlins, autores do livro "Manual de Persuasão do FBI", eles afirmam que no nosso dia a dia nossos sentidos estão constantemente enviando mensagens ao nosso cérebro, que por sua vez, processa essas informações para avaliarem os indivíduos que encontramos na rua, como passíveis de serem: ignorados, abordados ou evitados, não é à toa que nós não pedimos informação para qualquer pessoa na rua, antes de fazermos uma espécie de triagem ou seleção automática de quais pessoas nos passam maior confiança para serem abordadas.

Assim, fica claro que cada imagem, cada pessoa passa uma impressão para nós, e processamos isso de forma automática como negativo ou positivo, contudo, se sabemos disto podemos ser intencionais.

Como visto anteriormente, a imagem é a nossa vitrine, não tem como desconsiderar o considerável, se imagem e aparência não fossem de fato importantes, certamente você compraria frutas podres no mercado e não escolheria as mais bonitas.

Essas informações se tornam interessantes, a partir do momento que percebemos que podemos nos beneficiar disso, sendo o mais provável de ser escolhido numa entrevista de emprego, o mais provável de obter boas chances numa conquista, ser bem-visto no trabalho, o mais provável de se destacar entre as pessoas e, assim, expandir nosso leque de oportunidades na vida.

Através da imagem, não somos capazes de precisar a qualidade do caráter de alguém, tampouco de suas habilidades, contudo, podemos comprar a ideia que estamos vendo com maior facilidade, e isso nos faz passar na frente da maioria, sua linguagem corporal pode de fato auxiliar a alcançar grandes objetivos.

Os seus gestos falam por você, nosso corpo demonstra aquilo que estamos sentindo, os tímidos, por exemplo, são mais retraídos e sua postura apresenta isso, geralmente não possuem uma postura ereta, podemos observar as mãos nos bolsos, posturas mais fechadas, braços cruzados, pernas mais fechadas, braços colados no corpo e uma certa rigidez.

Por outro lado, uma pessoa com postura ereta possui movimentos mais abertos e amplos, passam fluidez nos movimentos e maior confiança.

Posturas eretas - perceba a postura dos super-heróis dos filmes, parecem que estão sempre preparados para qualquer desafio, transmitem segurança, confiança e um poder inigualável através de sua imagem.

Certamente, se existe a linguagem corporal do sucesso, essa não seria encolhida e retraída, uma pessoa que se porta desse modo transmite insegurança e pouquíssima credibilidade, ainda que você seja extremamente competente, possua um excelente caráter e um ótimo currículo as pessoas sempre vão tirar suas conclusões a partir daquilo que estão vendo na sua imagem.

Observe sua postura, alinhe sua coluna e veja que uma herói não vence uma batalha de braços cruzados, ainda que estejamos receosos por dentro, se o nosso corpo está com uma postura ereta e confiante, aumentamos as chances de um bom negócio, atrair boas oportunidades, pois as pessoas ainda não aprenderam a ler pensamentos, mas já sabem ler posturas.

Por que isso importa? Talvez porque o mundo seja feito

de pessoas e tudo que você precisa na vida as envolverá, posição melhor no trabalho, atrair bons clientes e melhores oportunidades.

Sinais amistosos - Códigos do corpo

O nosso corpo transmite uma imagem, e essa imagem conta uma historia sobre nós, então que ela seja positiva.

Agora você vai descobrir os gestos amistosos, ou seja, os gestos que passam uma ideia de maior confiança e credibilidade.

O primeiro sinal amistoso é: levantar sobrancelhas.
O leve erguer de sobrancelhas demonstra que você é mais confiável, fazendo as pessoas se sentirem mais confortáveis perto de você, é um sinal amistoso e mostra que você não é inimigo.

Fazemos esse gesto naturalmente sem que percebamos quando encontramos alguém conhecido. Por exemplo, procure lembrar-se agora da última vez que encontrou alguém conhecido na rua e o cumprimentou, naturalmente erguemos levemente as sobrancelhas num sinal amistoso que vem juntamente junto de um sorriso, é um gesto que mostra que estamos contentes ou impressionados de encontrar aquela pessoa.

Numa entrevista de emprego, numa reunião de negócios, numa apresentação, num jantar ou numa roda de amigos esse sinal amistoso fará toda a diferença, mostra mais simpatia, carisma e pode aumentar as chances de melhor conexão com as outras pessoas. O levantar das sobrancelhas demonstra que você está contente de encontrar aquela pessoa, sabendo disto, seja intencional e use nas ocasiões certas, em que desejar passar confiança, simpatia e carisma.

Sinais amistosos - inclinação da cabeça

O segundo sinal amistoso é a inclinação da cabeça. Repare agora nessa imagem abaixo, os pets possuem essa habilidade maravilhosa de gerar uma sensação incrível na gente quando nos olham com a cabeça levemente inclinada para um dos lados.

Esse gesto com a cabeça, faz qualquer um parecer mais amigável, atraente e digno de confiança.

Perceba que os animais parecem muitos mais fofos quando inclinam a cabeça para um dos lados enquanto nos olham, é como se eles ficassem mais expressivos, mais amáveis e, assim, conseguem mexer com nosso coração, não é mesmo?

Certamente, você não precisará agir como um pet, no entanto, poderá adotar esse gesto mais agradável ao cumprimentar alguém para quem deseje passar mais gentileza, amabilidade e carisma, as mulheres, por exemplo, ficam mais atraentes e femininas quando adotam esse gesto.

Saiba que poderá fazer de forma natural, basta inclinar levemente a cabeça, nada de exageros, apenas um leve inclinar para um dos lados, não tenha dúvidas que você passará uma imagem muito mais positiva e agradável.

O poder do sorriso

Não podíamos falar de sinais amistosos sem mencionar o mais clássico deles, o sorriso. Sorrir mostra que você está aberta e receptiva àquela pessoa.

O sorriso não necessariamente precisa ser completamente aberto e abrangente, mas qualquer sinal de sorriso enviará o sinal de que você está receptivo.

O sorriso funciona quase como uma xícara de café, você chega num ambiente e alguém te pergunta se você aceita um café, e logo você se sente mais acolhido, essa é a sensação que o sorriso causa: acolhimento e receptividade.

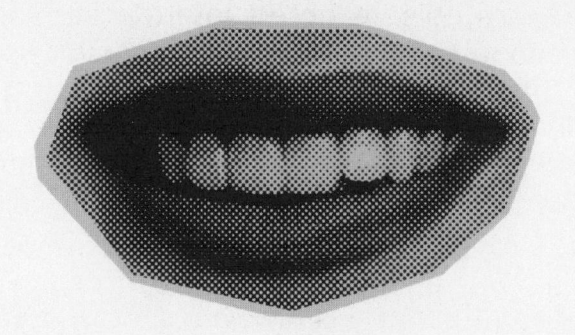

Vai cumprimentar alguém? Deseja abrir portas? Cumprimente com um sorriso no rosto, mostre que você está contente e receptivo.

Além disso, quando você sorri para alguém, a outra pessoa se sente quase na obrigação de retribuir o sorriso.

Esse gesto amistoso, usado em conjunto com os demais gestos, podem potencializar sua apresentação, sua reunião e beneficiar sua comunicação em qualquer ambiente em que desejar se destacar positivamente.

No entanto, cuidado com a dose, não use o sorriso de forma indiscriminada, sorrir demais pode passar a ideia de intimidade forçada, e sabemos que intimidade e confiança precisam ser conquistadas e nunca forçadas.

Nesse caso, sorrir demais pode prejudicar sua imagem fazendo com que não o levem a sério ou criem antipatia por você, por sentirem uma intimidade forçada.

Observe o ambiente e principalmente as pessoas, veja se estão receptivas e assim você adequa o seu comportamento.

O ambiente sempre lhe dará informações preciosas, ainda que não conheça as pessoas que vai encontrar, ainda que seja hostil para você, se estiver atento às pessoas presentes no ambiente, obterá informações sobre elas, pois o corpo fala o que a boca cala, logo você saberá as que são mais extrovertidas, as mais reservadas, o tom de voz de cada uma delas também lhe mostrará se estão mais ou menos receptivas.

Observar é excelente, então observe e saiba que existe uma linha tênue entre a simpatia e a inconveniência, às vezes queremos forçar simpatia para sermos bem-vistos e acabamos passando a imagem de uma pessoa inconveniente, sendo assim, cuidado com a dose.

Contato visual

Contato visual – é extremamente importante para gerar confiança, se bem feito, poderá auxiliar a abrir portas, através do seu olhar você pode transmitir a confiança que precisa e demonstrar sutilmente sua mensagem.

Agora, imagine você falando para uma plateia ou um grupo de pessoas, onde você deveria focar seu olhar?

Quando estamos falando em público, a melhor técnica para obter a atenção das pessoas ali presentes e passar credibilidade é você escolher pelo menos três pessoas presentes para fazer o contato visual.

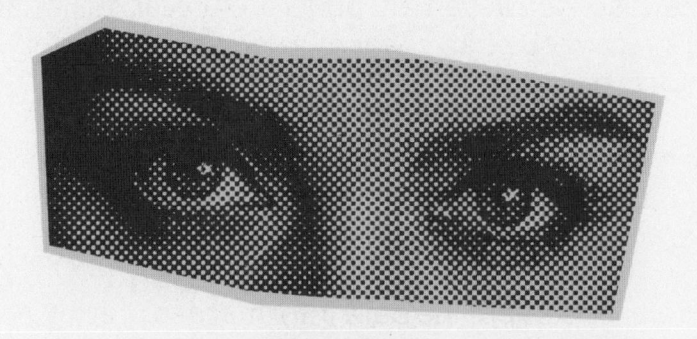

Se a apresentação for para um número grande de pessoas, procure estabelecer o contato visual apenas com algumas delas, porém,
enquanto fala, procure olhar para todos de uma forma geral.

Pesquisadores descobriram que leva menos de sete segundos para você causar uma
impressão em alguém, então que esta seja positiva, para isso você precisa ser
intencional, e ser intencional é fazer as coisas de forma planejada e estruturada.

Se deseja abrir portas e gerar oportunidades, esteja atento aos seus movimentos e gestos, à sua imagem, à sua comunicação, bem como à dos outros.

O mundo é feito de pessoas, se você entende sobre pessoas, terá o mundo nas mãos.

Apresentação de alto nível

Todos nós queremos ser bem-vistos, bem-falados e com certeza admirados, isso aumenta a autoconfiança e faz bem para nossa auto-estima.

O grande problema está em não saber se apresentar, seja num encontro romântico, na faculdade, no trabalho, com um cliente ou até naquele amigo secreto de fim de ano, você é sempre pego de surpresa e quando precisa falar de você, sempre gagueja.

Agora pense comigo: existe alguma pessoa na terra que o conheça melhor que você mesmo?

Não, com certeza não. Porque você foi o único ser humano que esteve com você até em pensamento, desde o dia em que nasceu, então sim, você se conhece melhor que qualquer pessoa.

Então por que você não sabe falar bem de você mesmo? A resposta é simples, porque você não se treinou para isso.

Ainda que um jogador seja bom, ele precisará de treinamento, ainda que ele seja o melhor do mundo, ele continuará se treinando até o final de sua carreira.

Para se apresentar bem você precisa fazer as pessoas o admirarem e isso é treinável.

O problema é que nos apresentamos como um "mero mortal" e, assim, continuaremos sendo apenas mais um entre bilhões de pessoas. Se o objetivo, porém, for se destacar para abrir melhores oportunidades, precisamos de intencionalidade.

Para se apresentar fuja do comum, quando geralmente se diz o nome e a profissão, precisamos de mais que isso.

Quando você se apresenta assim, é comum, e o que é comum não causa impacto, é banal falar o nome e a profissão, não existe nada mais insípido que isso, a sensação é que ainda estamos na quinta série, voltando ao primeiro dia de aula. Então como fazer?

Obviamente comece a apresentação falando seu nome, para que as demais pessoas o conheçam, no entanto, quando chegar no momento de dizer sua função, ou seja, o seu trabalho, você irá falar dele como uma forma de contribuição para o mundo, tornando-o ainda mais valioso.

Veja os exemplos:

Apresentação tradicional e insípida:
Olá, eu me chamo Rodrigo, trabalho com vendas de automóveis.

Apresentação de alto nível:

Eu me chamo Rodrigo, eu contribuo com um dos maiores sonhos das pessoas, a compra do carro próprio, sou vendedor de automóveis.

Eu me chamo Daniel, eu ajudo pessoas a resolverem aquilo que elas não conseguem resolver sozinhas: sou advogado.

Eu me chamo Eduardo, eu ajudo as pessoas a cuidarem de uma das coisas mais preciosas na vida, sua saúde, sou nutricionista, professor de educação física, médico, enfermeiro etc.

E, assim, você pode criar o seu próprio modelo, e se você se tornar bom em criar sua frase de apresentação fará as pessoas rirem, porque soa divertido e único, as pessoas comuns não fazem o incomum, pense nisso!

Causar boa impressão não é bobagem, bobagem é ter a oportunidade de se destacar e permanecer invisível, se você fizer o que 99% das pessoas não fazem, você será aquele 1% das pessoas que se destacam.

Quando as pessoas ainda não o conhecem, você possui a oportunidade de se apresentar como desejaria ser lembrado, as oportunidades são ofertadas àqueles que se destacam, pense nisso! Se fizer o incomum, se destacará.

Com essa pequena substituição você impressiona as pessoas, agrega valor à sua imagem, além de se enxergar como mais importante, aliás, todo trabalho é uma contribuição, você sempre estará solucionando algum problema, contribuindo com alguém através do serviço que desempenha.

É de extrema relevância que você consiga enxergar valor naquilo que faz, quando você valoriza o que possui hoje, saberá valorizar e aproveitar o que ainda desfrutará no futuro.

Lembre-se do natan, o contribuir, o compartilhar para, assim, receber. Veja propósito no seu trabalho, e se hoje, não consegue enxergar isso, mude, mexa-se, passe pela metamorfose necessária e saia do casulo em que você mesmo se colocou.

"Se estás livre, não ajas como se estivesses preso, se estás vivo, não ajas como se estivesses morto."

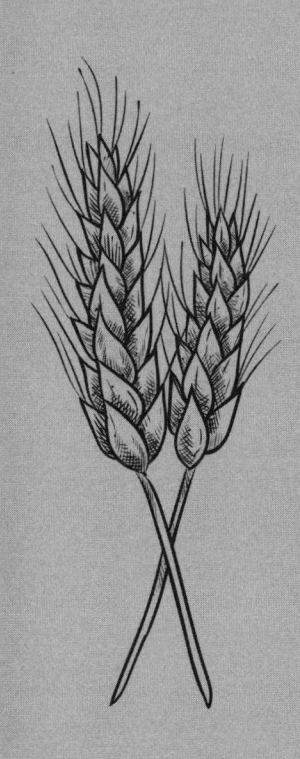

Seja um encantador de pessoas e tenha o mundo nas mãos

Nós, seres humanos, somos naturalmente egoístas, pensamos sempre nos próprios desejos, queremos sair sempre na vantagem e até pela própria preservação temos desejos egoístas.

Existe em nós, um desejo que é comum a todos, o de ser amado, querido e admirado, nesse sentindo, sempre buscamos sermos aprovados pelas demais pessoas, isso nos coloca num tipo de pedestal, de palco imaginário, nos traz mais autoconfiança e nos faz desfrutar de melhores oportunidades.

Não podemos desconsiderar o fato de que o mundo é feito de pessoas, e quando somos admirados por elas nossa vida se torna mais fácil, pois conseguimos melhores oportunidades, seja nos negócios, seja no amor e até nas amizades.

Queremos ser bem-vistos e bem remunerados em todas as áreas da vida, tanto na pessoal, quanto na profissional. Na vida pessoal buscamos ser amados, desejados, queridos e até bajulados por aqueles que temos apreço; já na vida profissional queremos ser reconhecidos através do dinheiro, da admiração etc.

Dessa forma, acabamos por desejar esse reconhecimento e atenção que vem do outro, que vem de fora para dentro, então procuramos fazer com que a maior parte das pessoas nos aprove.

Definitivamente, não há problema nesse sentido, desejar ser admirado e querido pelas pessoas não é ruim, no entanto, é muito mais vantajoso e eficiente fazer com que as pessoas gostem delas mesmas. Como assim?

Quando você faz as pessoas se sentirem bem consigo mesmas, elas associam essa sensação positiva a você e assim aumentam as suas chances de uma aprovação.

As pessoas podem até gostar de você pelo o que você é, mas nem sempre vão te aprovar, nem sempre terá total certeza de que irão admirá-lo, contudo, você aumentará essas chances de aprovação quando as fizerem se sentir bem com elas mesmas.

Lembre-se de que nós, seres humanos, somos naturalmente egoístas, e sim, pensamos sempre em nós, em atender nossas necessidades e desejos, e todos nós desejamos ser queridos, amados e admirados, e tendo essas informações em mente, podemos traçar um plano prático.

Vamos para a prática!

Digamos que você está numa fila de um banco ou de um outro local onde precise resolver algo importante que dependerá da competência e boa vontade de outras pessoas; nessa fila existem pessoas estressadas, cansadas e loucas para irem embora dali, certamente lidar com o público não é um trabalho fácil, pois há indivíduos de todos os temperamentos ali.

Você nota a insatisfação das pessoas que estão na fila e também o estresse das que estão no guichê atendendo os clientes.

Aquelas que estão atendendo estão ali há horas, possuem desejos, necessidades e também são tão humanas quanto você.

Nesse sentido, seu problema resolvido depende delas, da boa vontade e da eficiência do serviço delas, você está na mão do outro.

E é exatamente aqui que a mágica precisa acontecer, você precisa exercer o papel de ser humano e agir como tal, reconhecendo que aquela pessoa que está do outro lado, numa posição diferente da sua, fazendo um serviço automático e chato, também precisa de estímulo e reconhecimento.

Lembre-se do natan, dar, contribuir para assim receber, você doa e depois é retribuído, então seja humano e torne o dia daquela pessoa melhor, fazendo com que ela reconheça nela, aquilo que ninguém mais vê.

Vamos continuar essa história com um exemplo prático.

Digamos que você esteja na fila e está chegando a sua vez de ser atendido, e tudo que você precisa é fazer aquela pessoa se sentir bem com ela mesma, aliviar o estresse dela, fazê-la sorrir, e sim, isso é de fato possível ainda que a pessoa esteja de cara amarrada.

Assim que chegar a sua vez, você poderá dizer algo neste sentido: "Olha, não deve ser fácil fazer o que você faz, atender tanta gente e cada uma com um temperamento.

Somente uma pessoa com muito autocontrole e sabedoria conseguiria trabalhar com tamanha responsabilidade, então, vou ter que lhe dar os parabéns!"

Pode ter certeza, que essa pessoa sentirá dentro de si uma fagulha de admiração por ela mesma, e seu rosto se iluminará com um discreto sorriso.

Ela se sentirá bem consigo mesma, primeiramente porque enxergará no trabalho dela algum valor, mesmo diante do estresse enfrentado; segundo, ela se surpreenderá com uma pessoa, entre aquelas que lhe tratam como um mero robô, lhe tecer um elogio verdadeiro.

Sendo assim, teremos dois motivos positivos dentro da mesma situação, pode se certificar que essa pessoa ficará agradecida, e alguém que se sente agradecido, costuma retribuir ao que lhes foi dado.

Naturalmente, quando recebemos algo, queremos devolver alguma coisa em troca em forma de agradecimento, e é aqui que as coisas boas começam a acontecer a você.

Seja solucionar um problema, ter um desconto especial, seja conseguir um lugar melhor na fila, obter algo exclusivo, não importa o quê, mas coisas boas acontecerão a você, porque isso é a lei da semeadura.

Contudo, você não pode usar isto de forma egoísta já pensando em receber, fazendo de forma premeditada e calculista, faça de forma humana e empática, onde você consegue sentir a dor do outro e aliviar seu sofrimento naquele momento.

A vida aqui nesta dimensão, neste plano Terreno, é compartilhada e precisamos praticar a humanidade, oferecendo nossa contribuição, para que nos distancie de uma vida vazia e sem sentido. Faça esse teste no seu dia a dia e verá quantos frutos extraordinários começará a semear e colher.

Milagrosamente coisas boas acontecem, a quem trata bem as pessoas, mas não estou falando de simpatia, estou falando de tornar o dia de alguém melhor.

Muitas oportunidades se abriram na minha vida quando passei a contribuir com as pessoas, a praticar o natan: o contribuir.

Faça o teste, escolha um dia na semana ou como definir, para deixar uma pessoa contente no seu dia, pode ser a moça do supermercado, a pessoa do banco, quem você escolher, o seu objetivo é fazê-la se sentir contente e especial naquele dia, faça e veja o milagre acontecer.

Não tente fazer as pessoas gostarem de você, faça-as gostarem delas mesmas, quando você faz as pessoas se sentirem especiais, oportunidades extraordinárias se abrirão para você.

Gerando identificação com as pessoas

Sabe quando você gosta de alguém, simpatiza com ela e não sabe explicar o por quê? Isso pode ser um "fenômeno" chamado rapport, não é mágica, nem espiritualidade, mas sim, observação, empatia e inteligência.

Rapport é a técnica de criar uma ligação de empatia com outra pessoa, em outras palavras, *rapport* é a capacidade de fazer as pessoas gostarem de você.

Um bom exemplo é quando você gosta tanto de um vendedor específico que opta em só comprar com ele! Isso pode acontecer com um professor, namorado, vendedor, atendente de restaurante etc...

Você pode conquistar aquela venda, aquela pessoa amada, aquela promoção no trabalho etc... a única coisa que jamais poderá fazer é ser desonesto e usar o *rapport* para prejudicar ou enganar outras pessoas.

A importância da comunicação

A comunicação é tão importante para as relações humanas, que se uma pessoa possui um modo mais formal de se comunicar e você uma maneira mais informal, não terão conexão e logo não irão se identificar.

Muitas vezes, mesmo de forma inconsciente, já sentimos antipatia por uma pessoa, isso se dá pela falta de identificação com ela. A pessoa é tão oposta a você, que gera uma repulsão.

O *rapport*, assim como todas as outras técnicas ensinadas aqui, vão axiliar no seu processo de encantar pessoas, tornando-o magnético, atraindo todos os olhares para você.

As pessoas se sentirão "em casa" na sua presença, isso o ajudará em todas as suas relações, sejam elas profissionais ou pessoais.

Use o rapport de forma empática, a fim de gerar uma boa comunicação, proporcionar ao outro uma melhor experiência a seu lado.

Faça isso de forma honesta e empática, na qual todos os envolvidos ganham.

Como utilizar essa técnica para encantar pessoas?

Imagine que você irá numa festa, logo encontrará muitas pessoas e, nessa festa, seu objetivo será encantar as pessoas chamando a atenção delas para você, para isso você precisará fazer uso do *rapport*.

Escolha apenas uma pessoa para começar o treinamento, pois assim você se sentirá mais seguro. Sua missão é criar uma conexão com essa pessoa.

Passo 1. Escutar - muitas vezes ouvimos mas não escutamos, costumamos prestar mais atenção no que vemos, do que no que estamos escutando de fato.

Ao conversar com alguém, preste atenção em suas palavras-chaves, palavras específicas que a pessoa costuma usar.

Exemplo: digamos que você esteja conversando com alguém e observou que ela fala muito a palavra, "massa", para referir-se a algo que ela aprecia.

Sua missão é utilizar essa mesma palavra enquanto fala com ela. Quando você usa a mesma palavra que ela, cria automaticamente "identificação". Isso gera no outro uma sensação "familiar", como se ela o conhecesse há bastante tempo.

Passo 2. Velocidade e tom da fala - Equilibre a velocidade de sua fala e o seu tom ao da pessoa.

Se a pessoa fala mais depressa, procure acompanhá-la.

Se você costuma falar mais depressa e uma pessoa é lenta demais, isso causará um incômodo, um tipo de irritação, podendo distanciá-los.

Passo 3. Gestos - observe os gestos da pessoa, como ela se expressa, como se movimenta e, assim, você conseguirá repeti- los de forma natural e orgânica.

Essa técnica de rapport também podemos chamar de "espelhamento", consiste em você repetir os gestos da outra pessoa de forma natural.

Digamos que a pessoa costuma colocar as duas mãos em baixo do queixo enquanto o escuta, repita seu gesto de forma natural algumas vezes, mas nada exagerado, o objetivo é fazê-la se sentir à vontade em sua presença, gerando conexão entre vocês.

Passo 4. Ética - seja ético para praticar o *rapport*, jamais use essa técnica para benefício próprio de forma desonesta e egoísta. O *rapport* é uma forma empática de se comunicar, com a qual você deixa a pessoa mais a à vontade, criando uma atmosfera favorável para ambos.

Passo 5. Análise geográfica - uma pessoa que vive numa fazenda no interior de Minas Gerais não terá os mesmos costumes e gostos que uma pessoa que mora em São Paulo, capital.

Para gerar conexão com uma pessoa, procure fazer uma análise geográfica: de onde ela é e onde ela mora, assim saberá traçar de forma mais precisa seus costumes e gostos pessoais e, assim, adaptar melhor o destino da conversa.

Isso lhe ajudará a ser mais assertivo nas suas conversas, trazendo maior identificação entre vocês.

Digamos que a pessoa é de São Paulo capital, vive na cidade, seus costumes e gostos giram em torno de trabalho, ganhos, vida social mais agitada, shoppings, bares e restaurantes, então possui um perfil mais ativo e é muito mais urbana que rural.

Por outro lado, uma pessoa que vive no interior possui outros gostos, outros hobbies e seu estilo de vida é diferente de quem mora na capital.

Analise se a pessoa é mais rural ou mais urbana, isso faz

com que você seja mais persuasivo e assertivo com ela.

Exemplo: uma pessoa do Rio de Janeiro, tem um perfil diferente das pessoas que moram em cidades sem praia.

Os cariocas, são mais descontraídos, mais abertos e se comunicam com maior facilidade.

Você poderá ter uma abertura maior com eles, para falar de restaurantes bons, bares e pontos turísticos da cidade.

Pessoas de São Paulo, capital, são focadas em trabalho, crescimento profissional e lazer a longo prazo, procuram estabilidade e sucesso na carreira primeiro.

A postura das pessoas da capital é diferentes das pessoas do interior, você jamais poderá usar o mesmo tipo de comunicação para ambas.

A comunicação é como uma dança, precisa haver uma sintonia entre ambos, para que um não pise no pé do outro.

Isso é inteligência social, que é a habilidade de interagir de forma inteligente e intencional com os mais variados tipos de pessoas.

Cada pessoa possui um perfil, e quando analisamos geograficamente cada uma delas, podemos ter informações mais precisas de seus gostos, cultura, costumes e do que é importante para elas.

O mundo é feito de pessoas, se você entende sobre pessoas, terá o mundo nas mãos.

Desse modo, se você deseja encantar as pessoas, procure gerar identificação com elas, pessoas possuem uma tendência a gostarem mais daquelas com quem se identificam, que possuem algo em comum, os que se identificam andam juntos, as empresas, por exemplo, contratam colaboradores que representem pontos em comum com sua missão, visão e valores, a identificação é de fato crucial.

Se deseja encantar as pessoas, procure gerar identificação com elas, pessoas possuem uma tendência a gostarem mais daquelas com as quais se identificam.

Aqueles que se identificam andam juntos, os opostos se atraem, mas os que duram são aqueles que se identificam!

Formas inteligentes de se conduzir uma conversa

A inteligência social é a capacidade ou habilidade de interagir de forma eficiente e inteligente com as demais pessoas e isso se dá através da comunicação.

O mundo é feito de pessoas e cada uma possui sua cultura, suas crenças e seus costumes e precisamos saber interagir com elas, cada uma com sua linguagem.

Num mundo com mais de 7 sete bilhões de pessoas, fica claro que precisamos de sabedoria e habilidade para lidar com os mais diferentes tipos de personalidade, de fato, às vezes parece um grande safári onde tentamos sobreviver, mas é necessário, também, sabermos nos proteger.

Existem muitos erros que cometemos no modo automático que nos colocam numa posição de rebaixamento e isso não é nada bom, se estamos num safári, é correto dizer que estamos rodeados de animais de todos os tipos, então, não podemos baixar a guarda, não é mesmo?

Agora, listaremos alguns erros que você comete no modo automático da mente, que fazem as pessoas perderem o respeito e admiração por você.

1. Quando você for se apresentar em público, em qualquer ocasião, nunca diga: "desculpa, estou nervoso!"

Afirmar que está nervoso não o coloca mais calmo, na verdade, até piora seu nervosismo, pois você está reafirmando para o seu cérebro que está nervoso e ele vai fazer questão de fazê-lo sentir todas as sensações provenientes do nervosismo: mãos suadas, voz trêmula, barriga gelada, entre outras.

Em vez de dizer que está nervoso, apenas se concentre-se na sua tarefa, respire fundo e siga adiante, concentre-se naquilo que precisa fazer.

2. Pare de usar o diminutivo - de repente você vai falar alguma coisa e diz: vou falar rapidinho, esse diminutivo reduz a importância do que você vai dizer a seguir, retira completamente a importância do que será dito.

Troque o rapidinho, por rapidamente ou até mesmo pelo "vou ser breve"!

3. Nunca fale mal de você na frente das outras pessoas, nem de brincadeira, pois elas vão achar que também podem tratá-lo da forma como você se trata.

Exemplo:"Nossa, como sou bobo, como sou tolo, eu sempre cometo este erro".

Jamais tire o seu poder, respeito e credibilidade na frente das pessoas, não dê margem para os outros o diminuírem.

4. Quando vierem corrigir você em público, jamais se justifique ou fique irritado, ao invés disso, apenas agradeça, isso eleva seu nível, demonstra autocontrole e confiança.

Exemplo: "Muito obrigada por me avisar", e continue de onde parou, como se nada houvesse acontecido, saiba que quem deseja auxiliar não necessita de plateia.

Se a intenção da pessoa era diminuir você, ela acaba de se frustrar e você acaba de subir de nível, quando agradece, imediatamente e se torna admirável, pois mostra confiança e não fraqueza.

Quando alguém o elogiar, jamais justifique o elogio e fique na defensiva.

Elogios são como presentes, e presentes não justificamos, recebemos e agradecemos.

5. Quando você não aceita um elogio, reafirma para o seu inconsciente que não é merecedor de coisas boas, além de destruir sua autoestima, também o afasta de saber aceitar conquistas maiores.

Preste atenção, se você se sente constrangido com elogios, sente frio na barriga ou qualquer incômodo quando é elogiado, certamente possui crenças e bloqueios que o impedem de receber o melhor.

Volte na parte inicial do Manual do Poder no ciclo do sofrimento e veja de onde vêm esses pensamentos, de quais experiências vêm essas crenças limitantes e acabe já com elas, se exponha, aceite, faça diferente, seja um bom receptor de coisas boas que elas virão para você.

6. Quando desejar conversar com alguém que está ocu-

pado, nunca diga: "Desculpe incomodar!"

Quando você diz isso, já está incomodando, a pessoa já se fecha para o ouvir, pois ninguém gosta de ser incomodado, não é mesmo?

Ao invés disso, diga: "Com licença, quando você estiver disponível e tiver um minuto, gostaria de falar algo com você".

Pessoas são naturalmente curiosas e nesse exato momento você aguçou a curiosidade nela, pode ter certeza que ela arranjará um tempo para ouvir o que você tem a dizer.

7. Quando for receber alguém em casa, jamais diga: "Não repare a bagunça", essa é uma frase clássica entre a maioria das pessoas, mas não é positiva.
Essa atitude despreza o seu lar e sua pessoa, se você mesmo se diminui, não espere que as demais pessoas vão se preocupar em elevar você.

No lugar disso, diga: "Seja bem-vindo, sinta-se a à vontade!"

Isso engrandece seu ambiente e a experiência, como se fosse um palácio, e a pessoa se sentirá muito melhor no seu lar, levando uma lembrança positiva da experiência que você entregou.

8. Ao se despedir de alguém não diga: "Desculpa qualquer coisa".

Só devemos nos desculpar quando cometemos erros, caso contrário não se desculpe.

Imagine um hotel 5 estrelas, será que eles agradecem

aos hóspedes usando: "Desculpa qualquer coisa"? Certamente não, pois tudo que diminui a experiência não é louvável e não deve ser usado.

Nesse caso, em vez disso, diga: "Obrigada pela visita, fiquei contente em recebê-lo", ou qualquer variação neste sentido.

Jamais diminua a experiência, sempre a engrandeça, você causará uma impressão muito melhor e a pessoa sairá muito mais confortável.

9. Quando alguém lhe perguntar algo e não souber responder, nunca diga: "Eu não sei", em vez disso, diga: "Vou me informar!" Isso não diminui você perante as demais pessoas.

Não há problema em não sabermos, aliás, na vida não somos professores, apenas alunos, tentando aprender enquanto erramos, contudo, se tiver a oportunidade de engrandecer sua imagem, não a diminua a troco de nada.

Quando você não entender sobre algo ou sentir dúvidas sobre algum assunto, não diga: "Não entendi", substitua por: "Você poderia me explicar melhor?"

Essa substituição mostra interesse no assunto e a pessoa terá o prazer de explicar melhor, deixando aquela informação mais clara para você.

O "poderia me explicar melhor" retira das suas costas a responsabilidade de entender aquilo e coloca nas mãos do outro, a missão de ser mais claro na mensagem.

10. Substitua: "na minha opinião", por: "no meu ponto de vista!"

O termo "na minha opinião" passa arrogância e prepotência, já "no meu ponto de vista" transmite uma ideia de maior empatia, soa mais agradável e faz com que as pessoas se abram para o ouvirem.

11. Substitua o "eu acho" por: "eu acredito"! Qual a diferença? Quando se diz "eu acho", passa dúvida, pouca clareza e incerteza, já o "eu acredito", passa uma ideia de maior certeza, firmeza e confiança na sua comunicação.

12. Quando você for perguntar a disponibilidade de alguém, nunca diga: "quando você pode, quando fica bom para você?"

Isso retira completamente o poder de suas escolhas e o coloca inteiramente nas mãos do outro, numa comunicação entre duas ou mais pessoas isso não parece justo.

Sendo assim, em vez de dizer "quando você pode?", diga: "estou disponível nestes dias", sugira pelo menos três opções e assim veja se elas se alinham com a disponibilidade das demais pessoas.

Assim, vocês começam uma negociação justa e não anulando completamente o poder de suas escolhas.

Ainda que você esteja disponível todos os dias e tenha vários horários livres, não deixe que as demais pessoas saibam disso, crie escassez, tudo aquilo que é escasso possui maior valor.

Muitas pessoas são ardilosas, e ao notarem suas fragilidades, podem diminuir o valor do seu serviço e do seu esforço.

Independentemente de qualquer realidade, valorize seu tempo, sua presença e, principalmente, sua pessoa.

Deseja reconhecimento, admiração e prestígio? Procure se tratar com a dignidade de um rei e não com a submissão de um súdito.

Construindo uma reputação extraordinária

Pode-se entender a reputação como o conceito obtido por uma pessoa a partir do público ou da sociedade em que ela vive, ou seja: reputação é a visão ou julgamento que as pessoas possuem a seu respeito ou a respeito do seu trabalho.

A sua reputação precisa ser bem cuidada, assim como você cuida da sua higiene pessoal; uma péssima reputação significa uma péssima vida, cheia de impedimentos, problemas e portas fechadas.

Num mundo composto por pessoas, não podemos ser egoístas a ponto de acharmos que apenas nossa opinião prevalece, sem uma boa reputação você possui portas fechadas.

Por outro lado, uma boa reputação abre portas e o coloca nos melhores camarotes para curtir o show da vida.

Assim como na história de Davi e Golias, em que Davi, com apenas uma pedra e sem o uso de espada, atinge e derruba um gigante, meu caro leitor, ainda que sua reputação esteja intacta, a proteja-a, pois nada nesta Terra é inabalável.

Às vezes, uma pedra pequena pode causar um estrago gigantesco, contudo, não deixe desprotegido aquilo que pode custar sua ruína, preserve sua reputação.

Lembre-se de que você não precisa necessariamente possuir um cargo de poder, ter fama ou cargo público para cuidar da sua reputação, basta possuir um CPF (cadastro de pessoas físicas) que já se faz necessário proteger sua reputação, pois ela o ajudará a conquistar o que deseja na vida, o mundo é feito de pessoas e para absolutamente tudo aqui na Terra precisamos de outras pessoas.

Atitudes que mancham sua reputação

Quando somos admirados e respeitados pelas pessoas a nossa vida, sim, se torna mais fácil, ainda que tenhamos desafios na caminhada, o caminho estará aberto, pois as oportunidades se abrem para nós, basta estarmos prontos e preparados para ocupar o posto que desejamos.

Obviamente, que você não receberá graças e bênçãos sem estar apto para recebê-las, você precisa merecer, ser digno delas, então, se deseja subir num palco, esteja preparado para o show.

No show da vida, somos personagens vivendo uma vida real, e, assim como nos filmes, existem vários personagens, o mocinho, o vilão e cada um construiu sua imagem e sua reputação a partir de suas próprias atitudes e escolhas e aqui está a chave, muitas atitudes simples poderão manchar sua reputação rapidamente.

Agora vamos citar algumas atitudes e comportamentos que maculam aquilo que você deveria preservar: sua reputação.

A qualidade das pessoas com que você anda - suas companhias mostram suas escolhas.

As pessoas enxergam o seu valor a partir da imagem que você passa, se você anda com qualquer um, será visto como tal, ainda que seja diferente.

As pessoas não possuem a capacidade de saber o seu caráter, suas qualidades e seus princípios, então elas pressupõem isso a partir da imagem que você passa, e essa imagem é gerada também a partir das suas companhias.

Devemos nos importar com a opinião dos outros? Não, não devemos, contudo, isso não se trata de opinião dos outros, mas, sim, de reputação, não feche as portas que você mesmo precisará abrir.

A regra é clara, escolha estar ao lado de pessoas admiráveis que representam aquilo que você deseja ser, ter e viver na sua vida, suas escolhas mostram seu caráter.

Não é admirável, não queira estar perto, quando você é observado próximo de pessoas que não são bem-vistas, também é visto como elas, não tenha medo de não ter muitas amizades e correr o risco da solidão, tenha medo de ter amigos que acabem com a sua reputação.

Aceitar todos os convites - tudo que é escasso é mais valorizado. Quando você aceita qualquer convite, se torna qualquer pessoa, valorize sua presença e se preserve, faça sua presença ser desejada e requisitada pelas pessoas, artistas internacionais possuem o cachê mais alto, suas apresentações sãos exclusivas e desejadas, pois elas são raras, o raro é desejado, se torne raro que será admirado e requisitado.

Se você se trata como uma bijuteria, jamais será visto como uma jóia.

Você não tem preço, você tem valor, não se encontra diamante em padaria, então, saiba se retirar de onde não te cabe e de lugares onde você está sobrando.

Perdoando sem se enganar

Antes de falarmos de perdão, vou compartilhar uma história pessoal com você, algo que eu evito falar, pois é uma história não muito leve e nada agradável. Na verdade é algo aterrorizante e que por muito tempo foi traumático para mim.

Tomei a decisão de compartilhá-la com você, pois me sinto pronta e curada para falar desse assunto. Dividindo minha experiência neste livro, sei que irei auxiliar você no seu processo de perdão e de inteligência emocional, diante dos desafios da vida.

Pense comigo agora!
Quando você sente raiva, dor, rancor e tristeza a respeito de algo que alguém o fez passar, quem é que está sofrendo com as sensações?
Obviamente é você, isso é o mais injusto possível, porque você sofre mais de uma vez.

Muitas vezes a situação já passou há tanto tempo, mas você continua com os sentimentos presentes à flor da pele, como se tivesse acabado de acontecer, e isso afeta completamente sua vida, porque o sentimento é tão pesado que envenena seu corpo. Você toma o veneno, mas a intenção é envenenar o outro.

Uma experiência aterrorizante

Vivi parte da minha adolescência em comunidades conhecidas popularmente como favelas e lá aprendi mais que na escola; é curioso o quanto as experiências nos ensinam, pois são os desafios da vida que nos fazem sair da teoria e viver na prática.

Morei em algumas comunidades do Rio, mas foi numa delas que passei por um dos momentos mais aterrorizantes da minha vida e vou compartilhar com você.

Naquele dia nebuloso, eu chegava sozinha pela manhã no prédio verde lodo onde eu morava, era um prédio simples recém-construído, ele se destacava tanto pela sua cor peculiar, quanto pelo fato de ser um edifício de nove andares numa favela, não era tão comum naquela época.

O edifício havia sido construído pelos engenheiros populares da comunidade e a segurança era questionável, tendo em vista algumas rachaduras aparentes na parte externa.

Não existiam elevadores, apenas lances de escadas; ainda não havia iluminação em todos os andares, pois ainda estava em fase de obras de acabamento.

Como havia poucos apartamentos prontos, logo, poucos moradores viviam ali. Ao andar pelos corredores era possível perceber alguns sacos de cimento, tijolos espalhados, apartamentos sem portas e janelas, e pouca iluminação nos corredores.

Quase na entrada do prédio eu fui tomada por uma forte intuição que se fazia tão presente a ponto de eu conseguir sentir na pele aquela sensação gélida que atravessava meu corpo.

Aquele não parecia um dia comum como todos os outros, algo estava estranho, uma sensação de medo sem motivo aparente, era como se eu estivesse prestes a presenciar algo ruim, mas ainda desconhecido.

Eu não tinha muita escolha, a não ser subir as escadas e ir para minha casa e minha casa era ali, então eu precisava enfrentar aquele medo e seguir.

Sendo assim, prossegui e subi o primeiro lance de escadas, a cada passo eu era atormentada por uma sensação de medo e pânico. Eu conseguia ouvir claramente as batidas do meu coração, que pareciam pulsar com maior força naquela manhã.

A cada lance de escada, ia notando detalhes nunca observados antes, os apartamentos sem janelas, as marcas de cimento na parede e o chão de alguns andares ainda sem o piso.

Fui subindo e, enquanto subia, o silêncio foi interrompido por um barulho que parecia ser dos andares abaixo de mim, mas veio juntamente com o som de passos que pareciam estar vindo na minha direção, isso fez com que eu já não sentisse meu corpo, pois o medo tomara conta de mim.
Naquele momento eu sentia que a minha intuição estava correta, eu sabia que algo ruim estava prestes a acontecer e eu faria parte daquilo.

Naquele momento, os passos pareciam mais próximos a mim, então olhei por cima dos ombros e pude ver um vulto e, de certo, alguém estava logo atrás de mim, e a sensação não era boa, havia uma atmosfera de medo e pânico, não era uma presença positiva, contudo, por mais que eu quisesse correr ou fugir, não era possível, pois só havia uma entrada e uma saída, eu me encontrava completamente presa naquele edifício do terror.

Em frações de segundos fui tomada pelo pânico, eu já não possuía mais controle sobre o meu corpo, minhas pernas tremiam involuntariamente e das minhas mãos escorria suor.

Senti imediatamente um toque brusco como um soco no meu braço, virei-me e me deparei com um sujeito com aproximadamente 1,75m de altura, usando um tipo de máscara preta no rosto e com uma faca nas mãos.

Ele puxava violentamente meu braço enquanto me arrastava pelas escadas, tentando me levar para os andares inabitados do prédio. Naquele momento, me veio um pensamento aterrorizante sobre uma realidade imposta como lei nas comunidades.

"Não se pode roubar ou machucar moradores, pois será severamente punido com a própria vida."

No momento, percebi que não se tratava de algo comum, logo veio a percepção de que aquele homem me mataria, pois estava infringindo uma "lei" imposta pelas autoridades da favela.
Logo, se eu ficasse viva, poderia denunciá-lo de alguma forma, fazendo-o pagar com sua própria vida.
Aquela informação me fez perder completamente o controle! Naquele momento o meu corpo já estava to-

mado pelo medo e pelo pânico, eu já havia entrado no modo de sobrevivência e autopreservação, no qual eu faria absolutamente tudo para salvar minha vida.

Mesmo observando aquela faca em suas mãos, ela não foi relevante o suficiente diante do meu medo de ser arrastada para os andares inabitados e obscuros daquele prédio, então, travei uma luta pela minha sobrevivência.

Enquanto ele me arrastava para baixo eu me agarrava no corremão como se agarrasse a minha própria vida;

naquele instante já era possível visualizar um pouco de sangue escorrer perto do meu pulso, devo ter me machucado com a faca naquela batalha.

Ainda que eu não parecesse ter grandes vantagens de sair vitoriosa naquela batalha desleal, por menor que fossem minhas chances de vitória, eu estava disposta a lutar por ela.

Nessas horas algo diferente acontece, você é tomado por uma força, uma coragem descomunal, a adrenalina corre nas suas veias e o instinto de sobrevivência vem à tona, o medo e o pânico dão espaço à coragem e à força bruta.

Assim se travou nossa batalha, era possível ouvir os seus sussurros que saíam através daquela máscara escura sobre seu rosto. Eu não conseguia identificar o que ele dizia, pois estava preenchida pelo medo, adrenalina e pânico, a única mensagem que ressoava na minha mente era: lute para sair daqui.
Naquele momento, enquanto lutava pela minha vida, eu rezava mentalmente para todas as divindades do Universo.

Pedi a Deus e aos anjos da guarda para que me protegessem naquele momento, toda minha história passava pela minha cabeça em uma fração de segundos.

Eu pensava nos meus pais, na minha família, nos meus sonhos, pensava na minha morte e até na minha vida. Nesse filme de terror, eu era a responsável por tentar a todo custo salvar minha vida, a parte ruim era que eu não estava assistindo a um filme, mas sim vivendo-o.

Eu me sentia nova demais para morrer, e tinha plena certeza de que ele não me deixaria viva, pois certamente ele seria punido pela lei da favela.

Então supliquei às forças divinas para que me protegessem e que me dessem a oportunidade da segunda chance para que eu pudesse escapar daquela situação.

A salvação

Em frações de segundos ouvi o destrancar de uma porta, provavelmente seria algum dos poucos moradores daquele lugar, que havia sido acordado por um anjo da guarda para me salvar.

Ao ouvir o destrancar da porta, o homem encapuzado sumiu como num passe de mágica, camuflado pela penumbra daquele corredor mal iluminado.

Eu não consegui olhar para onde ele foi, aliás, não era isso que me importava, minha única preocupação era fugir dali o mais depressa possível. Percebi naquele momento que havia ganhado mais uma chance de vida e não a desperdiçaria.

Numa pressa alucinante e mesmo sem sentir que tinha pernas, subi correndo alguns lances de escadas e fui em

direção ao meu apartamento.
Abri a porta rapidamente, entrei no apartamento e me joguei no chão da sala e lá fiquei imóvel por alguns momentos. Não conseguia expressar nenhum tipo de emoção, só era capaz de ouvir meu coração que batia freneticamente, enquanto minhas pernas tremiam involuntariamente.

Eu sentia medo, angústia, raiva, injustiça e tristeza. Todos esses sentimentos permaneciam dentro de mim, mesmo que eu não quisesse.

Passaram-se poucos dias, mas eu já não me reconhecia, aquilo tirava minha alegria e minha paz, meu mundo estava cinza, não tinha mais graça. Eu estava tomada pela dor do trauma.

Minha vontade era tentar denunciá-lo às leis da favela, tentar fazer um retrato, uma imagem dele através das características que havia memorizado. Porém, antes de qualquer reação correu uma notícia: um rapaz havia sido punido com a própria vida pela lei da favela, por atentar contra a vida de uma outra moça, e pelas características e audácia se tratava do mesmo sujeito.

Naquele momento, fui invadida por uma sensação de ódio, justiça e vingança, era uma mistura ruim de sentimentos, parecia um veneno altamente mortífero que tinha o poder de me fazer querer sorrir sem alegria.

Contudo, ao passar dos dias comecei a me sentir triste e vazia, mas num lapso de consciência lembrei-me da cena de terror que passei e
que eu havia ganhado uma segunda chance e não parecia justo retribuir o presente carregando aqueles sentimentos pela vida.

Foi assim que ficou claro para mim que eu precisaria perdoar o sujeito desprezível que havia atentado contra mim, eu precisava me libertar daquela dor que carregava todos os dias.

A situação que eu havia passado já era ruim o suficiente, não precisava revivê-la todos os dias da minha vida, não era justo comigo.

Descobri que a melhor forma de limpar tudo aquilo era perdoando, pois, se não o perdoasse, parecia estar ligada a ele, ainda que nem estivesse mais aqui.

Lembrando que perdoar não significa concordar ou esquecer-se do que aconteceu! Jamais concordaremos ou seremos coniventes com quem nos fez o mal, contudo, precisamos ser inteligentes neste momento e nos colocar em primeiro lugar, pois não é justo sofrer mais de uma vez e até pelo resto da vida por algo que ficou no passado, precisamos seguir nossa vida em paz.

Tirando o peso de suas costas
Exercício prático

No entanto, você pode estar se perguntando: como perdoar sem se enganar, sem sentir ódio, rancor, tristeza etc?

Este é um exercício poderoso no qual você será capaz de retirar de suas costas um peso que não é seu, e poderá usá-lo para qualquer situação.

Esse é o seu momento de se livrar dessa carga, esteja sozinho e num lugar reservado!
Feche os olhos e imagine a pessoa que o prejudicou, imagine o arquétipo de capeta que tirou ou atentou contra sua paz, imagine a pessoa na sua frente e diga para ela

tudo o que você sente, fale pronunciando as palavras e não somente em pensamento, fale tudo que estiver entalado, coloque o lixo para fora, para não apodrecer o que ainda existe de bom dentro de você.

Exemplo: (nome da pessoa), eu o perdoo porque sei que mereço paz no meu coração e, a partir do momento em que eu me libertar da raiva que sinto de você, eu me curo e você ficará com a responsabilidade de seus atos.

Eu jamais concordarei com o que fez, mas perdoo por mim e não por você, perdoo você porque decidi me libertar desses sentimentos horríveis que vêm de você, está tudo acertado entre nós e que você tenha o que merece e eu tenha de volta a paz que mereço, a responsabilidade agora é sua, não minha.

Lembre-se que você não precisa decorar nada, apenas falar do seu jeito, para que seja natural para você. Este exercício faz você jogar a responsabilidade dos atos nas costas daquele que lhe fez mal, tirando o peso das suas costas.

Independentemente do papel que as pessoas desempenham na sua vida, seja no de pai, mãe, amigo, irmão ou familiar, pessoas são pessoas e no papel de pessoas sempre poderão magoar você.

Outro fato é que, apesar do passado daquela pessoa, do que ela já sofreu, a vida é feita de escolhas, todos nós podemos optar por sermos bondosos ou maldosos, honestos ou desonestos e assim por diante, todos são responsáveis pelos seus atos e palavras, porque tiveram uma escolha e escolheram fazer o pior.

Limpe os sentimentos ruins que você carrega sobre outras pessoas e siga a sua vida, deixe a responsabilidade nas costas delas e, ainda que seja um familiar ou amigo, se alguém próximo agiu errado com você, existe a opção de você se afastar, perdoar limpando as cargas e se distanciar.

Na vida você vai enfrentar desafios constantemente, e pessoas o irritarão, testarão a sua paciência, o colocarão à prova o tempo todo, porque muitas se alimentam disso.

Muitas pessoas não merecem a sua atenção, sua consideração, sua confiança e principalmente a sua presença, independentemente do papel que ocupam em sua vida.

Saiba também que, quando toma a decisão de focar em você, nos seus objetivos e crescimento pessoal, muitos vão se afastar de você, por não se identificarem com sua nova versão, dirão que você mudou, que já não é mais o mesmo, mas tenha em mente esta frase: "cobras não andam com águias", aliás, um rasteja enquanto o outro voa alto, faça suas escolhas.

Certamente na sua caminhada não estará rodeado de multidões, talvez tenha poucos amigos, pouca ajuda, mas não tenha medo ou se entristeça, aprenda a ser seletivo e lembre-se que: a Lamborghini possui apenas dois assentos.

Na sua caminhada leve apenas aquilo que o fortalece, aquilo que lhe faz bem, sejam pessoas ou sentimentos.

"Cobras não andam com águias", aliás umas rastejam enquanto outras voam alto; a vida é feita de escolhas, então faça as melhores."

A receita do fracasso e o motivo dos caminhos fechados

Nos últimos tempos temos nos deparado com gurus ensinando a receita para o sucesso, mas aqui faremos exatamente o contrário, aqui você verá a receita para o fracasso, pois a oposição lhe trará clareza, precisamos saber o que estamos fazendo de errado para assim fazermos o que é correto.

Talvez seja por esse motivo que muitas pessoas experimentam falta de prosperidade, financeira, fracasso e escassez em suas vidas.

Portanto, se você sente que seus caminhos parecem fechados, se possui dificuldade para ganhar dinheiro, realizar projetos e desejos, você está no caminho certo, esse é o seu momento e isso aqui não é por acaso, se você se identifica, era para você ouvir.

O cardápio da vida

O que aprenderá aqui mudará completamente sua forma de desejar as coisas e lhe trará bastante esclarecimento.

A vida parece um grande cardápio com tudo aquilo que ainda não temos e não vivemos, é como se estivéssemos num restaurante com fome, assistindo as pessoas comerem.

Nesse cardápio, existe tudo aquilo que queremos, a casa, o trabalho, a quantidade de dinheiro, o relacionamento, enfim, existe tudo aquilo que de fato desejamos.

O interessante é que muitas das coisas que queremos naquele cardápio outras pessoas já possuem, outras pessoas usufruem daquilo que também queremos, mas o que tem de mal nisto? Nada. Não há absolutamente nada de errado em desejar aquilo que outros já têm.

Justamente porque não é exclusivo deles, tem para todos, não é errado você desejar ter o mesmo modelo de carro do seu vizinho, aliás, se fosse proibido, as empresas de automóveis estariam falidas, ou seja, fique tranquilo que tem para todos.

Imagine agora você sentado num restaurante, e de repente você se depara com o garçom trazendo um prato maravilhoso para a mesa ao lado, você observa e é atraído pela aparência estupenda daquele prato e tão logo decide pedir ao garçom a mesma opção da mesa vizinha.

O que tem de errado nisso? Absolutamente nada, você está sendo esperto, está pedindo o melhor para você, aliás, está pedindo o mesmo prato e não o prato da outra pessoa, para receber o seu, o outro não precisa perder, você não deseja o do outro, deseja o seu e num cardápio de restaurante tem-se opções para todos se não estariam falidos, aquele prato não é exclusivo daquele cliente.

Mas onde está o problema? O grande problema está em você olhar o cardápio com maus olhos, porque ainda não é seu, é do outro.

Digamos que o seu vizinho possui um carro maravilhoso que é exatamente o modelo que você deseja ter, e você, ao invés de ficar contente em ver o veículo dos sonhos na sua frente, fica extremamente incomodado, porque aquele carro não é seu.

Essa visão é desinteligente e o coloca em conflito com o que deseja, pois não faz o menor sentido, você sentir raiva daquilo que tanto deseja possuir, assim, você mostra ao Universo que não gosta daquilo, pois está em negação e gera conflito, logo, aquilo não vem para você, porque o garçom só trará para sua mesa aquilo que você gosta e não o que odeia.

O pulo do gato é você olhar todas as coisas da vida, tudo aquilo que deseja como em um cardápio de restaurante, porque de fato a vida é um grande cardápio com as mesmas opções para todos, não é exclusividade somente de um indivíduo, aquilo que seu semelhante possui, você também poderá possuir.

No entanto, ele não precisará perder para você ter, pois tem para todos, lembre-se de que é um cardápio e tem para todos.

Saiba que não é feio e desonesto você desejar o melhor para você, ao contrário disso, é louvável você desejar o melhor da vida, é seu dever buscar o melhor para você e para aqueles que ama, a seguir, você verá como desbloquear a prosperidade e a abundância na sua vida, a partir de uma nova perspectiva que fará toda a diferença na sua vida, assim na terra como nos céus.

Desbloqueie a prosperidade

Para desbloquear a prosperidade e abundância na sua vida, você precisará gerar merecimento, sem merecimento as bênçãos não chegam na nossa vida, porque não condizem conosco.

A melhor forma de gerar merecimento é utilizando o abençoar e o desejar sem aquele sentimento mais conhecido como inveja.

Vamos a um exemplo prático!
Quando você se deparar com alguém tendo, sendo e vivendo tudo aquilo que você gostaria de viver, abençoe todas aquelas conquistas, pois, quando você abençoa, mostra que está alinhado com tudo aquilo que deseja, mostra que aquelas conquistas o representam, lembre-se de que a vida é como um cardápio, o garçom não trará até sua mesa aquilo que você não deseja comer.

Abençoar também é se felicitar, gostar daquilo que vê, ainda que não seja seu, admirar aquilo que deseja, ainda que não esteja na sua casa, elogiar com verdade, abençoar e trazer aquilo como se fizesse parte de você.

A grande verdade é que tudo o que deseja já faz parte de você, pois aquilo também é o seu sonho, sempre que enxergar alguém vivendo o seu sonho, se felicite por aquilo, ele também é seu, nada é mais seu que os seus sonhos.

Um dos maiores erros é quando você justifica ou desmerece as conquistas das outras pessoas, porque elas não o envolvem, elas não pertecem a você, isso o coloca em conflito com o que deseja, gera uma desconformidade com o merecer e o receber.

Faça por merecer aquilo que deseja receber, ao invés de sentir raiva ou tristeza por ainda não viver o que gostaria, se prepare para receber, ame, elogie, se felicite, porque você está de frente para aquilo que ama e no cardápio da vida tem mais daquilo, tem para todos, não é exclusivo de ninguém, se deseja coisas grandiosas não possua um pensamento tão medíocre.

Você poderá se sentir atrasado na vida, chateado porque já gostaria de estar vivendo aquilo que deseja, mas o fruto não cai do pé antes de estar maduro, então, amadureça, se desenvolva e se prepare para receber.

Vou lhe confessar um segredo, eu desejei lançar este livro anos atrás e não consegui, me esforcei muito, dediquei noites e muitos meses para escrevê-lo e esse sonho não se realizou no tempo que eu gostaria e precisei lidar com a tristeza e frustração.

Contudo, hoje eu compreendo exatamente porque esse sonho não se realizou naquela época, porque eu era fruto verde, eu não estava madura, não era o momento, eu não

merecia, eu precisava entrar no fluxo correto do merecimento, me tornar aquela pessoa que combinava com os sonhos que desejava, para que houvesse um alinhamento para aquilo se realizar.

Às vezes, as coisas não saem como a gente havia planejado, mas tempos depois elas se concretizam ainda melhores.

Levei quase dois anos para que este livro pudesse ser o que é hoje, para que chegasse até você com a energia correta, com o propósito certo e no momento certo para você.

De fato, não sei qual é a fase que está enfrentando na vida, em qual momento você está, mas sinto que esse foi o momento certo deste livro chegar na sua vida, e agradeço por ele tê-lo encontrado.

Só recebemos aquilo que estamos abertos a receber, o que negamos não vem até nós.

Referências

A Vida Dos Estoicos: A Arte de Viver, de Zenão a Marco Aurélio – e-Book Kindle, por Ryan Holiday (autor). Stephen Hanselman: (autor) [s.d.].

DISPENZA, Joe. **Quebrando o Hábito de ser você mesmo.** [s.l.] Citadel Grupo Editorial, 2021.

Grandes Mestres do Estoicismo - Manual de Epicteto. Edição Bilíngue com postal + marcador. Capa comum - 20 fevereiro 2021. Edição Português. Por Epicteto (autor).
Edson Bini: tradutor [s.n.].

SEYMOUR, J. O. J. (Ed.). **Introdução à Programação Neurolinguística: como entender e influenciar pessoas.** [s.d.].

Manual de Persuasão do FBI, Jack Schafer Ph.D.(autor), Marvin Karlins (autor).

EDITORA LEADER

Série Mulheres®

www.editoraleader.com.br